浙江省自然科学基金青年课题"竞争视角下金融创新的区域差异与经济增
浙江省金融研究院金融学科发展课题"中国区域金融创新与经济增长问题

U0672719

中国区域金融创新研究：
效率差异、环境影响
与空间效应

蒋瑞波◎著

ZHEJIANG UNIVERSITY PRESS
浙江大学出版社

图书在版编目（CIP）数据

中国区域金融创新研究：效率差异、环境影响与空
间效应／蒋瑞波著. —杭州：浙江大学出版社，2017.7
ISBN 978-7-308-16786-4

Ⅰ.①中… Ⅱ.①蒋… Ⅲ.①区域金融—金融改革—
研究—中国 Ⅳ.①F832.7

中国版本图书馆 CIP 数据核字(2017)第 067301 号

中国区域金融创新研究：效率差异、环境影响与空间效应
蒋瑞波　著

策划编辑	陈佩钰	
责任编辑	杨利军　　沈巧华	
责任校对	丁沛岚　　候鉴峰	
封面设计	杭州林智广告有限公司	
出版发行	浙江大学出版社	
	（杭州市天目山路 148 号　邮政编码 310007)	
	（网址：http://www.zjupress.com)	
排　版	杭州中大图文设计有限公司	
印　刷	杭州杭新印务有限公司	
开　本	710mm×1000mm　1/16	
印　张	9.25	
字　数	125 千	
版 印 次	2017 年 7 月第 1 版　2017 年 7 月第 1 次印刷	
书　号	ISBN 978-7-308-16786-4	
定　价	36.00 元	

前　言

　　作为一个区域层次多样化的发展中大国,中国的金融创新的区域性特征开始凸显。随着天津滨海新区国家综合配套改革试验区、温州金融综合改革试验区、上海自由贸易试验区的成立以及深圳等区域的金融创新举措的实施,我国的区域金融创新问题成为理论与实务界关注的焦点。然而目前学界对区域金融创新的研究正处于起步阶段,对区域金融创新的认识仍以政策性解读为主。基于此,本书通过借鉴 Bos(2009)对欧盟各国金融创新的测度方法,用中国 2001—2011 年的地区面板数据对中国金融创新的区域性特征和内部结构进行了测度,从效率的视角对区域金融创新进行了新的解读。

　　本书在理论研究方面借鉴了金融发展理论、区域经济理论、经济增长理论,在实证研究方面采用了效率研究方法、空间计量方法等,力图建立一个理论与实证相结合的完整体系。本书以"效率评价—环境影响—空间效应—经济增长"为主线展开分析。本书运用三阶段数据包络分析方法(Data Envelopment Analysis,DEA)分析了影响区域金融创新的经济开放等环境因素;采用空间计量方法探究了区域金融创新在空间上的外部效应,即区域金融创新与金融竞争、区域金融创新与金融集聚的关系;通过引入以利润最大化为特征的金融中介和金融创新部门,分析了区域金融创新与经济增长的关系;最后从区域开放与合作的角度提出了促进区域金融创新良性发展的建议。

　　本书的创新之处首先体现在视角选择方面,突破性地将金融创新研究向区域层面延伸,这对于经济转轨中的多层次大国更具有现实意义。

其次为运用三阶段数据包络分析方法，在对区域金融创新效率评价的基础上，分析了环境因素对区域金融创新效率的影响。最后为通过空间计量方法分析了区域金融创新在空间上的外部效应。研究发现：宏观方面，由于存在区域试点效应，区域金融创新在空间上具有明显的挤出效应；微观方面，Aghion效应（逃避性竞争效应）和Schumpeter效应（熊彼特效应）共同存在使得区域金融创新与金融业地理集聚之间表现出非线性的特征。

　　本书有关区域金融创新的观点不可避免地会有很多不完善和存在争议的地方。同时，从内涵、机理、外部环境到作用效果等方面分析区域金融创新的思路虽然囊括了影响区域金融创新的大部分因素，但必然还有疏漏之处，而这些疏漏之处也是需要进一步研究的。

作者

2017 年 3 月

目　录

第一章 导 论

第一节 研究的意义

金融业既是服务业的重要组成部分,也是现代经济运行的核心与枢纽。对于处在转轨阶段的国家来说,金融业在促进经济结构转变方面占有重要地位,金融业的创新是推动金融发展、经济繁荣乃至社会进步的主要动力之一(裴长洪,2009)。随着我国经济结构和发展水平呈现出多层次、多梯度的区域性特征,金融业的创新在全国范围内的区域性特征也开始凸显,一个重要的表现是在宏观经济政策引导下区域金融创新举措不断涌现,如成立天津滨海新区国家综合配套改革试验区、温州金融综合改革试验区、上海自由贸易试验区,以及深圳推出金融创新措施等,从最初的构想到一系列金融政策的相继出台,标志着区域金融创新在制度层面的突破。因此,区域金融创新对整个中国经济的发展具有深远影响,这种深远的影响主要基于以下几个方面的事实依据:

首先,区域金融的发展存在差距。无论是金融机构的地区分布还是金融机构的存贷款数量,金融资源在区域间的布局日趋不平衡,特别是1997年后,大量金融活动向中心城市集中,加剧了区域金融失衡的态势(陆远权等,2012)。从银行业资产总额占比来看,东部地区占 58.4%,中部地区占 15.3%,西部地区占 19.3%,东北地区占 7.0%。其中,广东、北京、江苏、上海、浙江的银行业资产总额均超过 10 万亿元。从金融机构就从业人数占比来看,东部地区占 45.2%,中部地区占 20.3%,西部地区占 23.8%,东北地区占 10.7%。[①] 这些统计数据表明我国金融资源分布的区域不均衡状况是比较严重的。

其次,在金融发展存在差距的情况下,金融创新成为各省(区、市)解决区域金融差异的主要手段。为提高中国各省(区、市)经济地位及实现发展目标,缩小区域间金融发展的差距,各省(区、市)均在积极推进金融创新。有学者采用基尼系数和泰尔指数衡量我国区域金融的效率差异,发现我国金融效率整体水平较低,金融效率在区域间的差异较大,并且金融效率差异呈现出二阶段特征。王小鲁和樊纲(2004)、万广华(2004)、姚耀军(2010)的实证研究显示,中国沿海地区与内陆地区的经济发展存在差异在很大程度上是由于宏观政策常以经济较发达的东部地区作为金融改革试点。宏观政策上的先行优势(区域金融创新)一方面促进了这些地区的金融发展,另一方面拉开了它们与处于金融改革滞后期的中西部地区的金融发展差距(张杰,2003;陆远权等,2012)。由于先行优势和试点效应的存在,越是在金融改革活跃的时期,区域金融创新的影响越显著。特别是在 2004 年金融改革着力推进之后,各省(区、市)之间的自然禀赋因素对金融发展差异的贡献也大幅增长。

最后,中国各省(区、市)金融业的创新伴随着区域间的金融竞争与合作。各省(区、市)金融创新实际上是对金融资源进行配置与调整,然而在金融资源有限的条件下,区域间的竞争不可避免。竞争的一个主要表现就是区域金融中心的积极建设。同时区域之间的合作也如火如荼,例如长三角、珠三角、环渤海等经济圈,这种区域之间的经济合作一方面依附于与北京、上海、广州等中心城市的地理距离,另一方面依托于金融资本在几个区块之间的流动,它们发挥了紧密联系的作用机制,并形成了区域之间竞争与合作并存的局面。

因而,从区域层面考量金融创新,重视区域制度、经济、文化等在金融发展中的作用,可为金融创新研究提供新的视角和方法。我国各地区在经济、

---

① 数据来自《2014 年中国区域金融运行报告》。

文化、历史和制度等方面的差异决定了金融创新的供给和需求,金融创新的作用机制、扩散效应也具有明显的区域性(张玉喜,2008)。因此,沿用以往的金融创新理论,并以区域同质性为假设前提的金融创新供给政策不适应区域经济发展的演进规律。利用区域经济发展的理论对金融创新进行研究,是对传统理论的探索和突破,对促进金融发展和区域经济增长具有深远意义。

金融创新本身多发生于微观金融机构,与消费者或企业密切相关(佟家栋等,2011),同时,人们也关注它的宏观效应。但鲜有学者对中观层次的金融创新以及金融创新的影响进行研究,这可能是由于人们对金融创新到中观经济的传导机制不甚清楚。笔者根据自己的了解,试图从以下方面对区域金融创新展开研究:首先,明确论述金融创新在区域层面的表现机理,主要解决区域金融创新差异问题,同时运用数据包络方法测度区域金融创新;其次,运用三阶段数据包络分析方法研究外部环境因素对区域金融创新的影响;第三,研究区域金融创新在空间上的集聚效应,并检验区域金融创新与竞争之间的关系;最后,检验区域金融创新带来的经济成果。

第二节　研究的内容

一、区域金融创新的界定

1.区域的界定

区域既是区域经济学的基本概念,也是空间经济学研究的基本对象。区域经济的研究源于人们对20世纪20年代区域发展问题的认识。20世纪20年代,西方国家出现老工业区结构性衰退;20世纪30年代的经济危机使得贫困地区经济恶化,区域两极分化明显。随着凯恩斯干预经济理论的发展,该理论的簇拥者纷纷采取区域经济干预的措施,多数国家成立了专门解决区域经济发展的机构,从金融、财政方面支援不发达地区,区域经济学逐渐发展起来。

空间经济学家将区域理解为一种抽象的空间范畴。空间经济学包括三类模型：区域模型、城市模型和国际模型。这三类模型并不是简单的区域经济学、城市经济学和国际经济学三个分割的领域。空间经济学更加注重经济主体在区域间的流动，并以此为研究对象。藤田昌久、克鲁格曼、维纳伯尔斯是空间经济学的三大鼻祖，其中，藤田昌久是区域经济学家，克鲁格曼和维纳伯尔斯则是国际经济学家（梁琦等，2008）。实际上，这三个领域的研究对于区域的概念也很模糊。

总体来说，现有的研究对于区域的概念常通过三个方面来阐释：（1）区域内部在某些经济学指标上具有同质性。胡佛等（2004）认为区域是一个地区统一的经济体，既可以根据内部同质性将其区分，也可以把它看作是一个连接区。无论是同质区还是连接区，都表示在经济联系方面的同质性。（2）相对于其他区域具有特质性。例如，同一个区域的个体往往与相邻区域有明显区分，表现为相关特征的特殊联系。安虎森（2005）认为，地球表面上的任何一个地区、一个国家，甚至几个国家都可以称为一个区域。（3）区域的边界在时间方面具有相对性。区域的边界经常根据经济主体的流动而发生变化，旧的区域消亡，新的区域诞生，因此分析区域时必须确定特定的时间。

对区域的理解也可从广义和狭义两个地理范畴进行。广义的地理区域包括整个世界经济体，如欧盟、东盟等跨国界区域；狭义的地理区域包括一个国家、一个省（区、市）。本书所指的区域概念是指在经济主体上表现出共同特质，或在地理上具有共同边界的空间单元，即使他们之间的空间分布并不是同质的，如异质性空间或具有排他性的空间，也可以称为一个区域。

鉴于本书的研究目的和研究环境，本书中的区域范畴是以中国为整体，将中国各省、自治区、直辖市作为区域的单元，并以此为研究的对象的，在此基础上分析我国经济发展过程中各区域呈现出的差异性和同质性，从而捕捉区域发展的规律。同时，为方便计量研究，根据数据的可采集性，本书以2001—2011年的数据作为样本。

2. 区域金融创新的内涵

综合前文关于金融创新的内涵的阐释，借鉴熊彼特对于创新的理解和

Tufano(2003)对于金融创新的定义,本书中所界定的区域金融创新是指金融部门区域内部和区域之间通过各种资源配置以提高金融中介效率的组合方式,产生新的生产函数。本书将区域金融创新定义为一个地区的金融业通过创新(既包括金融机构的内部创新,也包括作为生产要素的金融产品创新)减少成本,提高投入效率的能力。

二、主要内容

基于国内学界对区域金融创新认识上的不足和对金融创新的研究以政策性解读为主的研究现状,本书拟从对中国金融业创新的区域型特征和内部结构的测度出发,在区域金融创新与金融竞争、区域金融创新与金融集聚之间表现出非线性特征这一事实的基础上,从区域竞争、开放与合作的角度研究和探索区域金融创新的作用机制和影响因素,按照从理论分析到实证分析的基本思路展开,主要针对如下两个问题进行阐述:

第一,对于区域金融创新水平的比较,现有文献的研究主要关注存贷款容量增加等数量上的变化,运用金融网点分布、存贷款比率和金融相关比率等指标来衡量金融资源数量的区域差异,在金融创新质的考察层面有所欠缺,尤其是在金融创新在区域内的横向比较与纵向测量方面都没有涉及。

第二,金融创新在区域方面的机理分析和效应分析。目前的文献不能回答区域经济差异或区域之间的创新差异问题,而往往只在结论中提及"应适当进行金融创新"。也鲜有学者就区域金融创新的效率问题展开研究。

在区域层面的金融创新背后,本书从经济学的角度去探究如下问题:如何衡量金融创新在区域层面的表现,应注重量的增长还是质的进步;影响区域金融创新的外部环境是异质的还是同质的;区域金融创新与区域金融竞争之间的关系是怎样的;区域金融创新是加剧了区域经济发展失衡,还是带来了协同经济增长。这要求我们对于区域金融创新在驱动因素、环境制约和经济效应方面进行深层次的剖析。

基于以上两个问题,本书拟从以下四个方面展开研究:

（1）对中国区域金融业创新进行更为客观的测度。鉴于相关研究对区域金融创新在认识上的模糊性,从地区层面出发,参考 Bos(2009)对欧盟各国金融创新的测度模式,运用数据包络分析方法和中国 2001—2011 年的地区面板数据对我国各地区的金融业与前沿面的技术差距进行测度,度量中国各地区的金融创新水平,以各区域作为决策单元,求得技术效率值。并对规模效率与技术效率在时间与空间上的趋势进行研究,从省际和区际层面衡量我国区域金融创新效率的差异。

（2）基于测度部分得出的结论,找出影响金融业创新的外部因素,以及这些因素对金融业创新的作用渠道和机制。借助三阶段数据包络分析方法对外部环境的影响进行检验,找到影响各单元的投入冗余的环境因素,并分析寻找经济基础、政府贷款干预、对外开放、区域金融中心城市等环境变量是否影响区域金融业技术效率的投入冗余。

（3）对金融创新与竞争、金融创新与集聚进行理论分析,并提出理论假说。在此基础上采用空间探索分析方法对金融创新的空间分布进行研究,并采用空间计量分析方法对区域金融创新的空间效应及金融创新与金融集聚的关系进行检验。

（4）区域金融创新作用结果分析。在解决区域层面的金融创新与经济增长之间的关系问题上采用一般均衡分析方法,将两方面内容交织起来,构建一个区域差异条件下的金融创新影响经济增长的理论框架。在新古典增长模型中引入金融创新发展变量,在一般均衡分析的框架下构造一个包含金融创新的综合性经济模型,力求将金融创新驱动、环境与效应整合在一个研究体系中,为进一步还原现实经济、增加社会计划者,提供扎实的理论基础,同时为政府决策提供依据。从而揭示区域金融创新所产生的经济效应,阐释区域金融创新异质性的存在及其内在机理。另外,尝试检验不同机制下区域金融创新所产生的作用,重点对区域金融创新带来的经济增长效应进行检验。

第三节 研究的思路与方法

一、研究思路

本书以"效率评价—环境影响—空间效应—经济增长"为主线,遵循从研究主体的内部、外部到反作用的基本思路展开研究。

本书首先从区域金融创新的内部分解展开,采用效率方法对其内部从技术效率、规模效率和纯技术效率方面进行分析,并且比较了区域金融创新在省际和区际方面的差异性;其次,从区域金融创新的外部进行分析,分析的主线为外部环境的作用与其在空间上的传导效应;最后,基于区域差异的视角分析金融创新与经济增长之间的关系,在此基础上提出了促进区域金融创新良好发展的政策建议。

研究思路如图 1-1 所示。

二、研究方法

本书主要研究中国区域金融业的创新,并不针对微观金融领域的某种工具创新,所以主要侧重运用中观区域层次的研究方法。鉴于区域金融创新主题属于多学科交叉的领域,本书采用理论研究和实证检验相结合的研究方法。在对区域金融创新的效应机制方面的理论分析过程中借鉴了区域金融学、空间经济学与经济增长理论的一般研究方法,并用数据进行了实证检验;在区域金融创新测度方面采用了效率测度方法、传统的计量经济学和空间计量经济学的研究方法。具体采用的分析方法有:

一是数学推导和逻辑演绎的规范分析方法。本书采用经济增长理论中的一般均衡分析方法分析区域金融创新与经济增长的关系,设置最终产品部门、金融中介、金融创新者、社会计划者等不同方面的参与者,并赋予每个参与者以量化关系,考察各个参与者之间的数量关系。

```
                    ┌─────────┐   ┌─────────┐
                    │ 现实意义 │   │ 理论意义 │
                    └─────────┘   └─────────┘
                         └──────┬──────┘
                          ┌──────────┐
                          │ 研究意义 │
                          └──────────┘
                               │
                               ▼
                    ┌─────────────────────┐
                    │ 区域金融创新的内在机理 │
                    └─────────────────────┘
```

时空特征   ┌──────┐   ┌──────┐   ┌─────────────┐
工具的差异   │发生 │   │发展 │   │区域金融创新 │
投入与产出的过程 │机制 │   │机制 │   └─────────────┘
          └──────┘   └──────┘   竞争 合作 开放

```
         ┌──────────────────┐        ┌──────────────────┐
         │ 区域金融创新的评价测度 │───────▶│ 区域金融创新的外部环境 │
         └──────────────────┘        └──────────────────┘
              DEA方法                  经济环境  社会环境
                                      开放水平        三阶段
                                                    DEA方法
```

```
    ┌──────────────────┐          ┌──────────────────┐
    │ 区域金融创新的空间效应 │          │ 区域金融创新与经济增长 │
    └──────────────────┘          └──────────────────┘
    两个假说：                      区域差异：两个区位
    区域金融创新与金融竞争            一般均衡分布
    区域金融创新与金融集聚
       空间计量检验                    多元回归实证检验
```

```
              ┌──────────────────┐
              │ 结论与政策建议 │
              └──────────────────┘
```

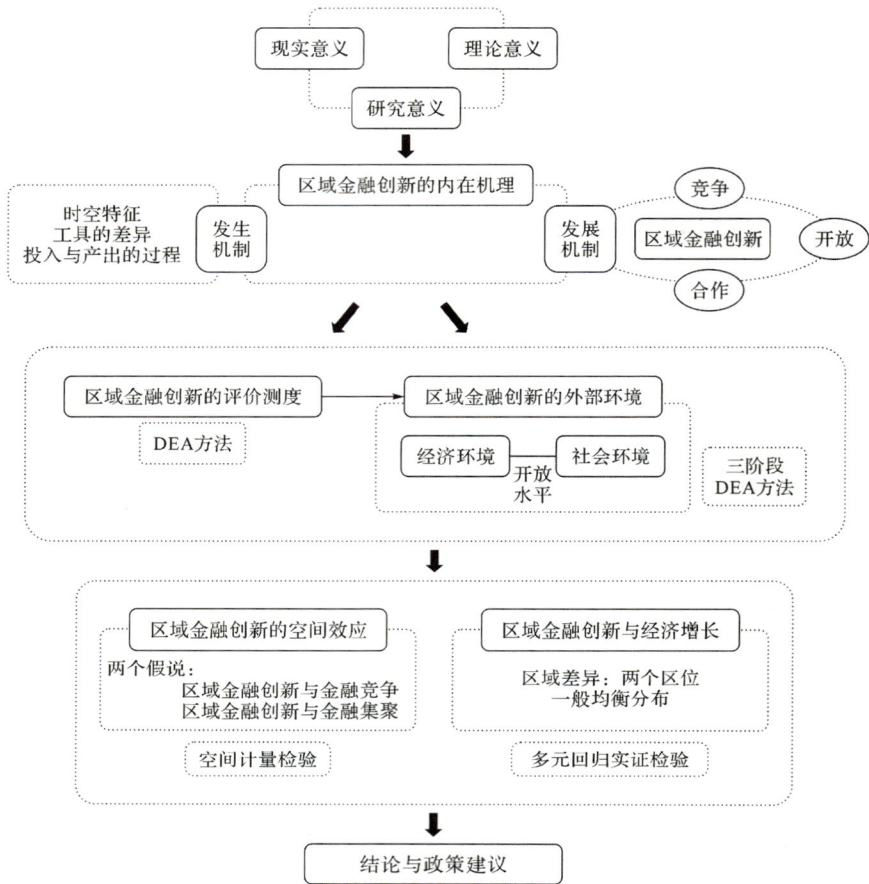

图 1-1　研究思路

二是实证分析方法。本书采用了三种实证分析方法：

（1）数据包络分析方法。该方法用来度量各省（区、市）金融业具有创新性特征变量的效率。利用决策单元［各个省（区、市）］与效率边界［前沿省（区、市）］的相对距离来度量，效率边界即实际数据的外包络线，包络线上的决策单元都是有效率的，而包络线之外的决策单元则是无效率的。以反映区域内金融创新的中介服务收入为产出，以金融服务业的资本和人力为投入，刻画效率水平，以效率值作为金融创新的代理变量。在以上基础上再求算 BCC 模型（Banker、Charnes 和 Cooper 提出的 BCC 模型）之下的技术效率值 TE,通过 TE/PEF,其中 PEF 为纯技术效率,求得规模效率值 SE,将效率分解为规模效率与技术效率。

为避免环境变量与随机因素造成效率估计的有偏性,本书还运用了三阶段数据包络分析方法,利用随机前沿分析方法(Stochastic Frontier Analysis,SFA)来排除这些环境和随机变量的干扰。以投入冗余作为被解释变量,以环境影响因素作为解释变量,构建如下模型:

$$\text{Slack1}_{it} = \beta_{i0} + \beta_{i1} X_{it}^k + v_{it} + u_{it}$$
$$(t = 1,2,\cdots,N; i = 1,2,\cdots,I; k = 1,2,\cdots,K)$$
$$\text{Slack2}_{it} = \beta_{i0} + \beta_{i1} X_{it}^k + v_{it} + u_{it}$$
$$(t = 1,2,\cdots,N; i = 1,2,\cdots,I; k = 1,2,\cdots,K)$$

式中,Slack1_{it} 和 Slack2_{it} 分别代表资本投入冗余和人力投入冗余;X_{it}^k 代表 k 个环境变量;$v_{it} + u_{it}$ 为混合误差,v_{it} 表示随机扰动,服从 $N(0,\sigma_v^2)$ 分布,u_{it} 为管理非效率项,服从非负断尾正态分布,即 u_{it} 服从 $N^+(u,\sigma_v^2)$ 分布,v_{it} 和 u_{it} 不相关。

(2)空间计量方法。为了探讨区域金融创新在空间的外部效应,即一个地区的金融创新对周边地区创新会产生怎样的影响,本书采用了空间计量经济学的两种方法,即探索性空间数据分析方法(Exploratory Spatial Data Analysis,ESDA)和空间面板计量方法。探索性空间数据分析方法用来检验金融创新变量的空间分布,使用空间自相关指数 Moran I 指数检验金融创新的空间相关性,并绘制 Moran I 散点图。在此基础上利用空间面板计量分析中的固定效应模型检验金融创新的空间外溢效应及其影响因素,公式如下:

$$y_{it} = \alpha + \tau y_{i\,t-1} + \rho \sum_{j=1}^n w_{ij} y_{jt} + \sum_{k=1}^K w_{ij} x_{ij} \theta_k + u_i + \gamma_t + v_{it}$$
$$(t = 1,2,\cdots,N; i = 1,2,\cdots,I; k = 1,2,\cdots,K)$$

(3)Tobit 回归模型(受限因变量模型)。本书运用 Tobit 回归模型对区域金融创新的经济增长效应进行了经验检验,由于效率的取值在 0 和 1 之间,因变量的观察值来源于总体的一个受限制的子集,因此本书采用了受限因变量模型。

第四节　研究的创新点

本研究的创新点主要体现在研究视角、研究方法方面，具体如下：

首先，本书在视角选择方面突破性地将金融创新这一问题向区域层面延伸，特别是对于转轨中的区域经济多层次的中国，这更具有现实意义。区域金融创新既是本书研究的主要内容，也是本书的立论基础。在此基础上本书分析了区域金融创新与开放、竞争等方面的关系，并将其落实到促进区域金融创新中，属于多个维度相互交叉的课题。

其次，本书尝试为区域金融创新提供一种测量方法。在确定研究主题后的一个重要问题就是如何衡量区域金融创新，当然对"创新"的解读是衡量区域金融创新的基础。基于金融发展的历史实际上就是金融创新的历史这样一种思维，本书虽然不能穷尽各个时期金融创新的产出，但尝试结合效率测算的手段测度金融创新，以此体现区域内金融创新质的提高，并且为接下来的研究提供横向比较的前提。

最后，本书试图从效率视角来回答区域金融创新在区域之间的差异性，并尝试解析区域金融创新的内在机制、环境影响因素、空间外部作用和经济效应，以更加全面地研究金融创新。本书还尝试在区域金融开放竞争与合作的范围内探讨区域金融创新，并提出切合实际的区域金融创新机制。

第二章 区域金融创新相关理论综述

第一节 金融创新理论

从经济学的文献脉络来看,对于区域金融创新的内涵和外延的理解应从金融创新的含义开始梳理。Lerner 等(2012)认为,经济学的文献更加侧重金融创新的扩散、采用者的特征、创新对企业盈利能力和社会福利等方面作用的结果。

一、金融创新的内涵

在一个行业内部,关于创新行为的理论模型大体上分为三类,分别是产业组织模型、演化经济模型以及经济增长模型,这三类都基于 Solow(1957)的观察。Solow 认为,20 世纪上半期美国人均收入增长主要来源于技术创新。每一类文献都有独特的视角和方法,这三类都描述了产业创新与产业结构的动态演化。现有的经济理论大致从产业组织、演化经济和经济增长几个角度阐释金融创新的含义。

1.产业组织角度

根据 Lerner 等(2012)的解释,金融创新是指产生一系列金融产品、技术、机构和市场的活动。主要分为两种形式:一是新的金融产品的产生,如新的衍生合同、新的公司证券、新形式的集资产品等;二是新的流通方式,如承销证券、交易流程、定价流程等。另外,广义的金融创新还包括金融产品的发明和扩散,实际上这仍旧属于金融产品创新的范畴。

Goetzmann 等(2005)通过对金融创新品种归类来解释金融创新,在 Merton(1992)对金融创新总结的六个功能的基础上把 19 种金融创新产品归为三类,即价值的时间转移、预期价值的合约、合约的议付。Frame 等 (2004)讨论了创新产生的背景、创新的扩散、采用者的特征、创新对企业盈利能力和社会福利的影响。在其后的文章里,Frame 等(2009)又总结了自 1980 年以来银行业的技术变革以及金融创新。他们认为,通信、数字处理等领域的技术发展极大地促进了金融创新,特别是银行产品和服务以及生产过程的创新,之后他们从应用者的需求角度对涌现的新金融产品和服务进行了分析。然而他们的立足点仅仅是银行的一个部门,也没有考虑金融组织形式的创新。

其实上述观点都是从行业内部的创新角度出发,基于金融产品的设计创新程度去考量的,且将金融产品与其他产品置于同样的地位去分析。

2.演化经济角度

从演化经济的角度阐释金融创新的含义主要是以金融创新的微观主体为基础,重视金融产品创新的扩散,并常常通过创新者和跟随者之间的利益比较和对金融产品的扩散来演绎金融创新。

如 Bitran 等(1993)认为在金融服务领域,一个机构引进一项新的金融产品或服务后,其他的机构在评估了原有金融创新产品的优缺点后,不仅会迅速模仿,而且会提供一个改良过的更好的金融产品或服务。因此为了保持金融创新产品的领先性,必须随后引进后续的服务。Lópeza 等(2002)研究了在国际背景下市场进入顺序对金融市场份额的影响。

Lerner 等(2012)对金融创新和其他创新之间的相似性进行了研究,得出结论:(1)一些创新发明难度大、成本高。虽然一种证券的发明成本比制造业低,但是投资银行会给金融创新部门人力更多报酬,而且创新者经常会花费更多资源来拓展承销渠道。(2)两种创新都有风险。创新经常和在位者与入侵者的竞争动力相联系。(3)企业应对知识产权进行保护,尤其是新兴产业(至少最近一段时期内或者暂时)。这类观点认为金融创新是创新者和后来者仿效和竞争的产物,更加注重金融创新产品的生命周期。

3.经济增长角度

从经济增长角度阐释金融创新,即从其对经济增长的作用角度来解释金融创新。研究模型大体上分为金融创新—经济增长模型、金融创新—经济波动模型两种。金融创新—经济增长模型认为金融创新是一种能够降低成本、降低风险,并能提供改善的金融产品、服务,以更好地满足参与者需求的活动。如 Merton(1992)始终认为金融系统基本的功能是在不确定的环境下,使经济资源在空间和时间上的分配和使用更加便利,这种功能包括交换的支付系统、储蓄向投资的转移,为了单纯的时间转移而积聚储蓄,通过多样化和保险来降低风险等。Frame 等(2004)提出金融操作的成本主要是真实资源成本,真实资源包括金融中介和金融调解人所拥有的劳动力、材料和资本。金融的跨时期性导致未来的风险具有不确定性,对于风险厌恶者来说,有风险就有成本。

Tufano(2003)对金融创新的解释是它能帮助纠正市场的无效性以及不完整性。他认为发行者和购买者都必须能够从一项创新中受益。

Gubler(2011)从新制度经济学视角出发进行研究,认为金融创新意味着一种变化的进程,这种变化不仅包括已有金融产品种类和形式的改变,还包括金融中介、金融市场的改变。这一提法将金融创新纳入金融监管的范畴,并赋予了它更多的政策含义。要求对柜台外衍生产品进行交易的银行将部分有风险的金融产品管理转移到一个被高度监管的第三方,即集中清算方。市场和银行在组织和管理经济交易时,既作为替代者,又作为互补者。银行向个人和企业提供金融产品,并管理这些产品内在的风险;同时市场也扮演这样的角色。由于市场能够替代银行,因此银行能够在市场上转移资产,承担更有利润性的风险,并进一步转移此类资产,将其打包处理在市场上进行交易,这就是一些金融产品产生的动机,如多边债务责任。

这类观点更加强调金融创新的作用,无论金融创新会促进经济增长还是引起更大的经济波动,都必须更加全面地考虑金融创新的作用机理和发生作用的渠道。

4.小结

综合上述关于金融创新内涵的阐释,金融创新通常包含两层含义:第一层含义是指金融机构的内部创新。依照这种理解,常常把金融机构看成一个生产单位,依照其投入产出比来衡量其金融产品的创造情况,在此情况下,通常把利润作为衡量金融创新的标准。在这种概念理论下,金融创新与传统生产企业创新并没有太大的区别,即使有所不同,也是体现在生产过程中的特殊性上,比如对于风险的控制、负债的等级等。另一层含义视金融创新为生产要素,更加重视宏观经济中资源的配置作用。常常把金融创新看成宏观经济中的一种要素投入部分,在此情况下,金融创新被看成与资本和劳动同等重要的因素,金融创新的结构、规模决定了宏观经济中的资金流向。

二、金融创新的测度

如何度量金融创新是相关研究首先要解决的一个基础性问题。无论是检验金融创新给区域经济增长带来的效应还是研究金融创新的外部环境,对区域金融创新的测度都是不容回避的问题。

对于制造业创新的研究主要集中在专利水平、R&D(Research and Development,研究与开发)支出,或者以研究人员的份额作为创新活动的参照指标(Helpman,1993;Cohen et al. ,1996)。金融业的创新活动很难衡量,原因在于金融业的专利数量很少,而且有关金融机构的专利支出以及研究人员的数据较少。由于缺乏直接数据,因此对金融创新的测度并不是很容易的事(Frame et al. ,2004;Lerner et al. ,2012)。现有研究主要从以下几个视角对区域金融创新进行衡量:

(一)基于宏观的视角

部分学者从货币需求和空间等方面来研究金融创新。

1. 货币需求理论的应用

在研究金融创新与货币需求的相互作用过程中,许多学者试图将金融创新加以量化,并做了很多尝试。

首先,以时间趋势作为代理变量。Freedman(1983)在描述加拿大金融创新的原因与结果时,主要讨论了1975年货币政策变化带来的四种金融创新产品对M1的需求的影响。他认为,20世纪80年代期间的金融创新都是市场作用(即竞争、技术创新和高利率)的结果,这和美国躲避规制的金融创新相反。Arrau(1991)将具有确定性趋势的随时间变化的截距项作为金融创新的代理变量,来对发展中国家的金融创新水平进行衡量。Arrau(1991)的后续文章采用随机游走作为金融创新的替代指标之一。Lieberman(1997)、Moore 等(1990)、杨伟等(2005)用时间趋势加以描述。

其次,作为利率组合的过去峰值。Simpson 等(1980)、Ireland(1995)认为,金融创新具有固定的初始成本,会导致名义利率超过某个阈值,并且由于金融创新从实施到起作用有一段时间,所以当期的货币需求不仅与当期名义利率有关,还与上一期名义利率峰值有关。

最后,作为某种层次的货币总量的比例。最早的阐释源于 Arrau(1991)从发展中国家货币需求的视角评估金融创新的作用,他发现了在发展中国家,金融创新在决定货币需求总量及波动性中起重要作用,同时该种作用随通货膨胀率的上升而增强。陈涤非(2006)采用同样的金融创新指标对广义货币需求进行实证分析,但并没有给出具体的解释。M2/M1 指标通常被认为代表了金融创新过程中货币总量中被替代的货币资产比例。董玉玲等(2008)将这一指标改进为货币总量(M2－M1)与单位活期存款(M1－M0)的比例。陈子季(2000)从货币供给的角度来探讨金融创新的宏观经济效应。Misati 等(2010)在研究 1996—2007 年金融创新利率渠道对货币政策转变的影响时,采用银行业占 GDP 的比重与利率的交互项和 M2/M1 与利率的交互项两个指标来衡量金融创新。

2.金融机构、工具在区域中的分布

Nagayasu(2012)使用金融资源人口密度分布来表征金融创新,因为70％的日本领土是不可居住的,所以在日本学者的研究中人口密度指标用辖区内的陆地面积或辖区内的居住区域来表示。类似地,还可以使用银行集中度指标,即一个地区的总部和分支机构除以总人口数量,这一指标可以近似地等于 ATM 数量,这个指标越大说明金融创新越容易发生,金融市场的复杂程度越高。[①]

---

① 这部分作为笔者博士论文的前期成果在笔者的专著《区域金融创新研究——开放、合作与竞争的视角》中有所体现。

3. 来自中国经验的研究

转型国家的金融监管法规或正在调整或实施时间不长，难以对其开展实证研究，导致金融创新一直都很难量化。石丹(2008)运用二阶段DEA模型，对37个国家和地区的金融创新系统的绩效进行了实证评价。投入变量(输入指标)为资本成本、金融人才、金融机构法规、金融交易的机密性、中央银行政策、汇率政策、国家信用评级、对金融交易的信任、外国金融机构，产出变量(输出指标)分为技术性和经济性输出指标。其中，技术型指标为金融资产占GDP之比、股票交易额占GDP之比、风险资本、信用卡发卡量，经济性指标为GDP、人均GDP和能耗GDP。

张维等(2008)通过分析金融监管文件的发布频率，对中国银行业、保险业和证券行业的制度创新特征和演进路径进行了研究，并分析了中国金融产品的创新特征。他们以"北大法宝"的《中国法律法规规章司法解释全库》收录的金融监管文件作为文件源，计算了各行业监管文件的发布密度，分析了文件发布高峰期的特征。

李春燕等(2006)讨论了银行卡的市场竞争与开放问题。王爱俭等(2008)基于系统控制理论，并参考生物演化思想，分别从政府调控和金融市场与中介的自我调节以及天津滨海新区等不同视角分析了金融创新对区域经济的动力传递作用及效应。

综上所述，由于金融创新具有多维性，很多学者采用了间接分析方法，把能够反映金融创新性指标的经济指标纳入整个体系来考量，如因子分析方法、层次分析方法，如对天津滨海新区金融创新功能的分析。衡量制造业创新的传统方法是计算R&D支出和专利数，而金融服务类企业对于R&D支出的报道较少，金融专利也不被经常使用，因此这两种方法并不能让人满意。因此，系统地讨论金融创新的增长率以及衡量创新所带来的福利水平是个挑战。

(二)基于微观的视角

对金融创新的衡量，更多的学者集中在金融专利、金融工具、金融机构三个角度。

1. 金融专利

如Lerner(2002)通过对金融专利的增长进行总结，发现来自学术机构的金融创新专利并不像来自制造业的专利那样常见,可能学者们并不感兴趣或者对金融专利并不适应。然而一个事实是金融专利的数量和规模都在逐渐加大。

2. 金融工具

Tufano(2003)用 ATM 和灵通卡的使用减少了成本来衡量零售业务的创新,但是他发现衡量批发市场创新工具的社会福利效应是一项挑战。Allen 等(1994)给出的证据表明,社会福利效应是混合且复杂的,像"卖空"交易这样的工具或许会带来有限的福利,但是如果对这种方法的使用不加以限制,这种福利效用就会消失,甚至带来灾难。

Lerner(2006)在弥补金融创新衡量方式缺陷方面迈出了第一步。他从供给角度对创新的起源进行分析,如企业的大小、年龄、金融约束;对知识溢出的能力等进行了定量描述,对 1990—2002 年刊登在 *Wall Street Journal* 上的所有金融创新产品、服务和机构进行了整理,并且将它们作为解释变量,用面板回归方法进行了分析。为了验证上述方法的有效性,又在以下几个方面做了无偏性的比较:全部资产、企业公开上市交易的时间、企业的盈利能力、企业的财务杠杆以及处于同一地带的其他企业、处于同一地带有总部的企业的金融创新。

还有部分学者以金融领域内的某项创新作为对象,如某种证券的新形式,如 Grinblatt 等(2000)、Schroth(2006)、Henderson 等(2011)所做的研究;信誉评级技术的引进,如 Frame 等(2004,2009)、Akhavein 等(2005)所做的研究;某种抵押贷款的新形式,如 Rosen(2007)所做的研究;新的组织形式,如 DeYoung(2001,2005)对网上银行业务所做的研究;个人贷款局的设立,如 Laeven 等(2011)探讨了贷款局的设立与经济增长的关系,并且说明了这种金融创新的结果会使经济增长快速收敛到大多数发达国家的增长路径。还有 Lenzer 等(2012)以抵押贷款为例研究了技术和金融创新,在研究中,他们将抵押贷款从一个可以议付的工具,转变为全球化的可交易的证券。

3. 金融机构

Beck 等(2012)使用 1996—2006 年 32 个高收入国家的金融中介(银行)

的 R&D 支出,研究了银行部门的金融创新和实际增长、实际波动和银行脆弱性之间的关系,发现金融创新的较高水平与一个国家的增长机会、资本和GDP 水平之间具有较强的相关性。金融创新还与依赖外源融资行业的增长率、高波动性、银行脆弱性有关。Abir 等(2010)考察了突尼斯 1987—2008年银行业金融产品的扩散和创新的进程,分析了金融创新扩散对银行业业绩的影响和金融创新的环境和组织决定因素。

表 2.1 罗列了一些学者对金融创新进行微观衡量的情况。

表 2.1　金融创新的微观衡量

类别	作者	衡量尺度	样本区间
金融专利	Lerner(2002)	有关金融公式和方法的专利	1971—2000 年
	余翔等(2008)	美国金融专利	
金融工具	Tufano(2003)	ATM 和灵通卡的使用	
	Henderson et al. (2011)	某种证券	
	Lener(2006)	金融期刊发表数量	1990—2002 年
	DeYoung(2001,2005)	网上银行	
	Lenzer et al. (2012)	抵押贷款	
金融机构	Beck et al. (2012)	银行 R&D 支出	1996—2006 年

三、金融创新的驱动因素

金融创新的驱动更加注重促使金融组织、金融制度进行金融创新的动力。已有的研究更多地从金融中介角度分析了金融创新产生的原因。

对约束引致假说领域贡献最早的是 Silber(1983)。他假设金融中介对放宽约束条件的诉求是金融创新的动力。金融中介受制于资产负债表等约束条件,这些约束既来自外部,也来自内部。内部约束主要是企业自身(银行)的自我流动性约束。例如,根据已存在的约束最大化目标函数,一个银行可能建立起自己的资产增长率目标;一个企业卖掉债券、获取存款、投资款项,都是在已存在的约束和框架下进行的。他的结论有三点:第一,金融创新的约束规避模型成功地解释了 1952—1970 年的金融创新产品产生的来源;第二,约束模型解释了 1971—1982 年 60% 的金融创新产品;第三,

1971—1982 年剩下 40％的金融创新来自于金融技术和金融立法方面的创新,不能忽视这两者在金融创新中的独立作用。

约束引致假说给出了金融创新动机的解释。然而他的研究更加强调金融中介的微观动机,不能解释许多金融产品是在没有任何约束情况下产生的,甚至某种金融产品创新是外部需求刺激的结果,如股指期货等。正如他在其文章的总结中所提到的,有 40％的金融创新和金融立法来自于金融技术的突破。

四、金融创新的外部环境

不断有学者发现金融创新与正在变化的结构条件是相关的,因为他们为金融创新提供了宏观框架。

(一)国际市场

20 世纪 60—70 年代的凯恩斯主义危机过后,欧洲美元向各国边界扩展,导致外汇交易的国际市场慢慢诞生。目前欧洲美元市场已成为国际银行间市场,为国家之间的银行和其他金融机构提供了充足的流动性,并且作为原材料的主要供应者提供服务,成为金融创新的发源地(Helleiner 1994;Grahl et al.,2003)。国际金融市场,特别是离岸金融中心,为"制度套利"提供了机会,按照 Basel Ⅱ 的资本充足率要求,银行发展了"原创的、分散的"管理,但在 2007 年后失败(Singer,2007)。

(二)社会环境

在西方国家,家庭失去政府保障,就会向金融市场求助,以得到住房、教育、失业和医疗方面的救助(Hacker,2006;Manning,2000)。这种"巨大的风险转换"不仅使银行和其他金融机构有了对金融债务的需求,如信用卡、住房抵押贷款等,而且保证了新的和稳定的收入来源,这为大规模金融创新提供了条件(Leyshon et al.,2007)。同时,养老金改革使得大批养老基金向全球金融市场寻找投资机会。在可管理资产方面的快速增长被称为主权财富基金。

(三)金融技术发展

金融技术的发展已经成为金融产品扩散和金融市场增长的关键因素。

新的信息通信技术开发了新的产品和服务，如 ATM、远程接入交易平台、瞬时信息传递服务等。

（四）金融创新的效应分析

金融创新曾被许多学者夸赞为经济增长的发动机，但同时也被指责为经济的掣肘（Lerner et al.，2012）。自 2007 年发生金融危机以来，金融创新的作用和意义再度成为争议的焦点。到目前为止，无论是经验研究还是理论研究都未对金融创新的正向作用和负向作用达成共识。为了厘清这一问题，本文将对金融创新效应的研究文献进行梳理。

（五）产出效应

1.金融发展与经济增长

Miller（1986）曾说过"完全可以用'革命'一词来描述 1960—1980 年的金融机构和金融工具发生的变化"。Merton（1992）也强调金融创新工具和服务产生的重要性，并将其刻画为经济增长的动力。

从各篇文献的脉络来看，在提及金融创新与经济增长的关系时首先会谈到金融发展与经济增长。在金融发展水平逐步提高时，越来越多的文献将金融部门引入经济增长模型中，最早可以追溯到 20 世纪 60 年代的 Goldsmith-Mckinnon-Shaw 理论体系。Goldsmith 分析了 35 个国家 1860—1963 年的有关数据，认为金融发展对经济具有积极影响；Mckinnon 提出金融抑制论；Shaw 从分析金融中介与经济发展之间的关系的角度进行研究，得出了类似的结论，并在此基础上提出了"金融深化"的概念。随着内生增长理论的发展，越来越多的经济学家开始从内生增长理论的视角审视金融和发展的关系。Greenwood 等（1990）建立了一个金融发展与经济增长的内生决定理论模型，验证了金融发展与经济增长之间存在紧密的关系，金融中介通过较高的资本报酬率促进了经济增长。类似的内生增长模型还有 King 等（1993）、Aghion 等（2005）提出的模型。他们的核心观点是在社会资金向创新性的企业转移过程中，金融系统影响技术创新率，从而影响经济增长率。然而，也有一些学者的研究并没有包括内生技术，而是假设金融合约、市场和中介通过影响高回报率的投资项目的风险来影响经济增长。

Apergis 等（2007）使用 15 个 OECD（Organization for Economic Coorperation and Development,经济合作与发展组织)国家和 50 个非 OECD 国家 1975—2000 年的动态异质数据发现,金融深化与经济增长存在长期正向关系。同时发现两者存在双向随机性,并且提出旨在繁荣金融市场的政策因素对经济增长具有显著影响。而对金融创新,特别是对金融衍生工具始终持有肯定观点的 Miller(1995)从成本—收益角度计算了衍生交易事件的社会直接成本。他认为金融衍生工具是两种相对的交易力量,一种是多头,一种是空头。所谓的利得与损失并非社会财富的变化,而只是社会成员间的财富净转移,社会直接成本几乎为零。金融衍生产品的间接成本主要有诉讼费用、破产费用(在清算过程中,只要社会财富没有遭到破坏或资产使用价值没有降低,社会就不承担什么损失)等。

2.金融创新与技术

实际上,在金融危机发生之前,一些学者对金融创新持谨慎态度。Horne(1985)和 Mayer(1986)提出了问题,即金融创新仅仅导致了更多的交易,还是搅动了金融市场,导致证券市场不稳定,给市场带来了更多的风险。

然而,这种对金融创新的谨慎态度在金融创新之后发生了变化,对金融创新的研究视角也发生了转变。之前大多通过金融创新与技术的模型来讨论金融创新对经济增长的约束条件,之后更多地倾向于从风险识别与监管的角度来研究金融创新的限制性条件。总之,到底金融创新是使世界变得更加安全了还是更加危险了,还要看对金融创新的驾驭能力,正如 Miller(1986)所说的不能因为酒后驾车发生事故而指责汽车的发明一样。

大多数学者对金融创新与经济增长的研究建立在金融发展与内生增长理论的平台上,从金融创新对技术创新提供融资这一视角来展现金融创新对经济增长的作用。

Chou 等(2004)构造了一个金融中介部门,它既向有风险的技术研发投资(已获得高额报酬),又向金融创新者购买金融产品。金融创新的增长率来自于该部门的人力投入和现有金融产品的外溢产出。其结论是金融创新只有通过技术进步的渠道才能帮助实现长期经济增长,金融部门的中介作用对这种转化渠道产生了临时性的增长效应。他们将金融部门分为金融创新者和金融中介,金融创新提高了借贷双方之间的匹配效率,从而提高了金融中介的效率。他们还利用了 Tufano(1989)的假设，即投资银行等金融创新者在新的产品产生之前对该产品实行垄断价格，金融中介作为价格接受者处于完全竞争状态。他们对索罗模型所做的修改主要体现在将金融中介的效率融入投资与储蓄的平衡公式中，即 $I = \zeta S$(I 为投资，S 为储蓄，ζ 代表金融中介的效率)。金融部门的发展，也就是金融中介的效率，是由金融产品的多样性来刻画的。金融产品的数量，也就是单位时间内金融创新的数量，计算时要考虑几个要素，即金融部门的人数、正向溢出效应、生产参数和弹性，计算公式为 $\dot{\tau} = F \times (\mu_\tau L)^\lambda \tau^\varphi$。

Chou(2007)在索罗模型的基础上对金融创新进行了分析，与以往有关金融发展与经济增长的模型的不同之处在于 Chou 发展了的新模型以新古典增长理论为基础，集中讨论金融创新。在这个模型中 Chou 将金融创新产品看作一种金融中介从金融创新者手中购买后再进行生产性投资的特殊商品。最终，金融创新通过提高金融中介效率的均衡水平增加了每个工人的产出和消费的稳态水平。经济不能仅仅依赖金融创新而得到永久性的增长，金融产品的扩散使金融中介的效率提高，却使得效率不能再进一步提高。人口增长导致现有的金融产品在使用方面过剩，金融创新能够以一定速率来弥补这个问题。金融部门的溢出效应提高，会使金融创新者的边际产出增加。

Levine 等(2009)使用熊彼特的内生增长模型，在假设金融企业通过发明新产品而获得垄断利润的基础上，发现如果金融创新停止，技术创新也会停步，从而将导致经济增长停止。金融组织监管潜在的企业家，其独特的地方在于金融组织能够开发成本高、有风险的监控企业家的程序。成功的金融创新者比金融组织能更好地监控企业家，因此产生垄断租金。由于技术进步导致监管过程无效，所以技术创新和经济增长就会停止，除非有新的金融创新产生。Levine 没有强调金融发展的水平，而是强调了金融创新在支持经济增长中的作用。另外，Frame 等(2009)从技术进步的角度分析了金融创新给经济增长带来的福利。Harris(1994,1997)强调了由于欠缺金融创新，18 世纪和 19 世纪的英国和法国的经济增长被暂时性地破坏了。

3. 金融创新与资产价值

Calvet 等(2003)研究了在一个内部参与者和收入风险异质性的经济体

内金融创新的价格影响机制。在一个多部门经济体中,金融创新通过多样化的资产组合遍布市场,并对预期收入有重要影响,这个价格变化决定投资者是否离开这个市场。他们检验了有限的投资者参与影响固定证券的组合的价值,并在理论和经验方面考虑了参与者的情况。他们在研究中发现,金融创新引起的几个水平的变化导致投资者退出市场,降低了参与度,这使得储蓄部分增加,从而降低了均衡利率水平。Conrad(1989)、Detemple等(1990)证明了在1973—1986年,新一组期权的产生会对价格产生影响,但是对股票价格会产生更大的影响。在不同的国家和金融产品方面也可以得到同样的观点,如 Jochum 等(1998)认为新的证券引进能够允许机构分担风险,弱化储蓄的供给,从而使均衡利率上升,降低所有资产的价格。

4.波动效应

Gennaioli 等(2012)将债券的风险纳入金融创新模型中,认为投资者通过发行债券获得现金流,中介也能发行债券,但是忽略了风险的存在而导致债券发行过量的情况。

部分学者研究了信贷约束、金融创新、由乐观向悲观的转变之间的交互作用,以及宏观审慎政策的影响,并将一般均衡模型和金融扩大机制加以数量化。

Mason(2008)认为2007年的金融危机是由在一个快速金融创新的环境里的信息不对称导致的。金融创新能够创造不对称信息的条件,容易导致危机和恐慌。同时,他认为并不是所有的金融创新产品都是有益的。那些并不多样化的、完善市场的以及深化资本的金融创新产品不会成为成熟金融市场的产品。

Bianchi 等(2012)将金融创新概括为一种新的金融制度。他主要研究了宏观审慎政策的影响。他利用了 Fisher 的金融危机模型(信贷摩擦和信息不平衡),假设了被动型和主动型两种计划者,并以由信贷约束和新的金融制度产生的风险认识互相影响为前提。

Kiyotaki 等(1997)、Aiyagari 等(1999)的研究主要集中在金融加速功能方面,但是都基于对外部冲击的随机过程完全信息的假设。金融创新使抵押的担保物价值提高,同时带来风险,这里的风险是指新的金融制度的持续性使人们需要在一段时间内学习。

Thakor(2012)认为金融创新是不受约束的，是一种需成本的竞争性的金融体系。银行在标准贷款方面取得零利润，而通过创新性贷款取得正的利润，因此金融创新对银行会产生创新性刺激。没有金融创新专利保护的竞争性银行体系容易遭受金融危机。

Allen(2012)认为2007年的金融危机的证券化和次级贷款加剧了问题，然而它的发生主要源于复杂的环境，金融创新并不是最主要的影响因素。有很多金融创新有正面影响，如风险投资和杠杆收购基金等有利于商业融资。

Henderson等(2011)提供了证据证明SPARQS(Stock Participation Accreting Redemption Quarterly-pay Securities，参与可赎回季度支付证券的股票)产品被过高定价，且没有对投资者提供实质服务。他们列举了2001—2005年Morgan Stanley公司发行的64种SPARQS产品，显示了这些风险性债券的回报率远远低于风险费率，并且显示出这些证券并没有避险属性、流动性功能和税收优惠。Bergstresser(2008)对亚洲、欧洲和美国发行的结构型股权产品做出分析，分析结果与Henderson等(2011)的结果相似，这些产品被过高定价，对许多证券产生决定性的影响，且这些产品被设计成愚弄投资者的工具，对投资者没有任何益处。

五、小结

目前，传统的金融创新—增长模型(见图2.1)从降低成本、风险分担、完善市场等角度来考虑金融创新带来的经济增长。

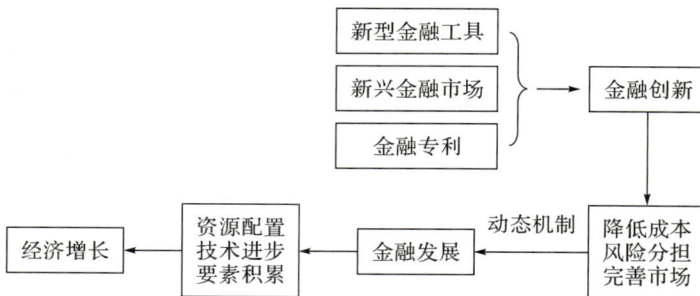

图2.1 金融创新—增长模型

金融创新—波动模型(见图 2.2)更倾向于金融创新的波动效应,认为金融创新是全球性金融危机的根源,认为金融创新产品带来了房屋价格泡沫并由此引发了债务危机。有些学者认为金融创新能够产生道德风险,利用投资者获得暴利,如 Henderson 等(2011);甚至有学者认为金融创新对经济毫无意义,如于 1979—1987 年担任美联储主席的 Paul Volcker。

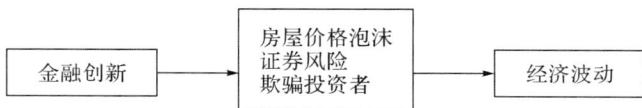

图 2.2　金融创新—波动模型

在金融危机中一些金融产品所起的作用已经引起人们关注,人们开始讨论关于金融创新及其监管的问题。有学者认为金融创新是无用的,也有学者持中立态度,认为金融创新并不好但也不坏,只是包含了许多因素。美国证券交易委员会专门成立了一个部门来监管金融创新。Plosser 等(2009)持不同的观点,他们并不认为过度创新导致了危机,他们认为金融市场的创新资本配置降低了资本成本,有利于经济增长。

并不是所有金融创新产品都是失败的。总体来说,金融创新有利于提高资本市场,然而由于金融风险模型复杂,并不是所有创新产品都能成功的。因此,短期金融不稳定性政策带来的金融市场扭曲和道德风险问题更值得研究。而且很多金融创新产品,如风险投资和杠杆收购等,亦有证据表明其在许多方面有利于提高经济的有效性。两种重要的金融创新形式——风险投资和权益资产对经济发展也有益处。

目前国内学者对金融创新争论的焦点主要集中在对近期美国的经验的总结。美国拥有发达的金融市场体系,其金融市场结构是以市场为主导的结构,而中国的金融市场结构是以银行为主导的结构,以一个地区的经验结论来概括其他地区容易得出以偏概全的结论。

第二节　区域金融理论

中国地域辽阔且各省（区、市）之间的经济发展呈现多层次、多梯度现象，使区域金融研究与区域经济研究有相似的研究范式，这给区域金融研究提供了丰富的样本。

一、区域金融相关理论

区域金融相关理论的架构如图 2.3 所示。

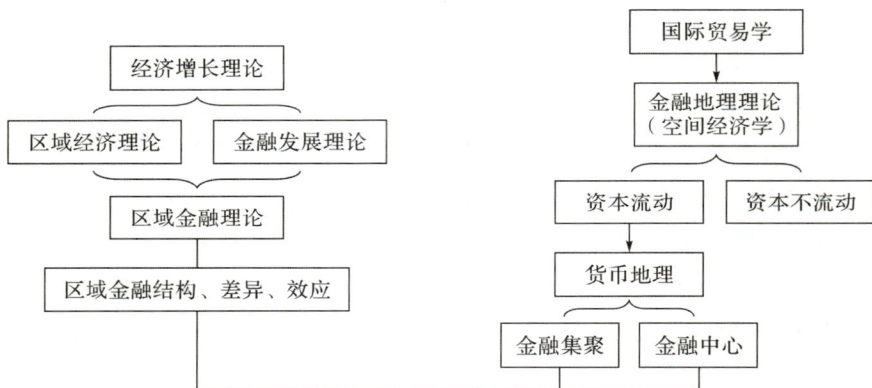

图 2.3　区域金融相关理论

1. 区域金融理论

区域金融研究是区域经济研究的一个分支，现有文献多数从区域经济的差异性着手，并逐渐意识到了区域金融的差异性，因此有关这方面的研究也逐渐增多。

先期学者对于区域金融的研究侧重于对区域金融基本理念的解读，如张军洲（1995）、殷得生等（2000）。张军洲（1995）认为区域金融结构差异、差异互补和相互关联构成一个国家的区域金融体系。后期学者更加重视区域金融的差异、差异形成的原因及其所带来的影响。部分学者认为金融创新是促进区域金融发展的主要方法，如陆远权等（2012）认为要实现中国区域金融的协调发展,缩小区域间金融发展的差距,必须要积极推进教育与金融的结合发展,大力促进金融支持教育的金融创新。王小鲁等(2004)、Zhang等(2007)的实证研究显示,沿海地区与内陆地区经济发展的差异在很大程度上是因为中国往往选择在经济比较发达、信用比较好的东部地区进行金融改革试点。政策上的先行优势(区域金融创新),无疑促进了沿海地区金融的发展。田霖(2006)从规模、特殊标准、与相邻区域的区分、内部聚合性四个方面对区域进行了阐述。

纵观以上有关区域金融的研究,在对区域的界定上,区域的范畴是中国范围内各省(区、市)的地域;在研究的内容上,更加重视金融成长、资金流动、区域金融结构、金融资源配置以及区域金融与经济的相关性;在研究方法上,基本上都采取了新古典主义的分析方法,更加强调均衡。

区域金融理论的部分成果如表 2.2 所示。

表 2.2　区域金融理论的部分成果

作者	研究内容	应用的理论与方法
张军洲(1995)	空间金融结构的差异、区域金融与区域经济发展的相互关系、区域金融发展的动力等	区域经济理论、金融发展理论
殷得生等(2000)	区域金融发展与区域金融结构,强调中央、地方与企业三方的利益冲突	博弈论
金雪军等(2004)	区域金融成长差异	金融地理理论、演化理论
李敬等(2007)	区域金融理论,强调区域金融差异	劳动分工理论、Sharply 值分解方法
范祚军等(2008)	区域金融调控与区域金融差异	系统聚类分析方法
陆远权等(2012)	区域金融的效率差异	效率理论

2. 金融地理理论

金融地理理论源于空间经济学,也被称为新经济地理理论。空间经济学包括两个重要方面,即空间集聚和区域增长集聚。它的两个重要假设是规模收益递增和外部经济。

金融地理学恰当地说应该是从空间经济学对资本流动的研究开始的。

空间经济学的核心—边缘模型能够解释贸易成本、要素流动和聚集之间的内在关系。然而，其流动要素仅仅为工人的假设降低了模型的可处理性。Martin 等（1995）提出了自由资本模型，认为流动要素不再是工人，而是资本。资本流动导致生产转移，但资本的收入仍回到资本的原来所在地。他们认为货币具有与生俱来的空间性。之后，空间经济学又繁衍出两个分支：金融集聚与金融中心。前者主要关注金融集聚形成的原因和影响，后者则偏重金融中心与金融集聚之间的关联性。

对于金融集聚的成因，Kindleberger（1974）认为规模经济使得银行和其他金融机构选择了一个特定的区位。任英华等（2010）通过构建空间计量模型研究了我国省（区、市）的金融集聚现象。他们认为金融集聚是一种产业演化过程中的地理空间现象，并对金融集聚影响因素进行了实证研究。他们的研究表明我国的金融集聚在省（区、市）之间有较强的空间依赖性和正的空间溢出效应。李林等（2011）基于金融集聚的空间地理特征研究了金融集聚对于区域经济增长的作用。

对于金融中心的建立，Pandit 等（2001）认为金融中心是金融企业高度集聚的产物。他们从供给和需求两个角度说明了金融业集聚为金融中心的原因。Pandit 采用产业集聚的动态分析方法，对英国金融服务业进行了分析，认为金融中心的集聚效应影响企业的成长与新进入者的数量。Gehrig（1998）利用市场摩擦理论进行实证研究，证明了某些金融活动在地理上的集聚和分散趋势并存。

谈及区域金融的相关话题，地理要素往往是不能缺失的，这不仅是因为区域金融着眼于"区域"，更是因为它满足地理学作为区域科学的特点，如地理学对于自然、人文的记叙性和差异性。

二、区域金融环境分析

（一）区域金融合作

目前，国内外学者的研究中还未就区域金融合作给出一致的定义。一般来说，从广义的角度来看，区域金融合作包括国与国之间的合作，更多地被运用到如东北亚范围的合作、亚欧合作等泛区域合作。然而在一个大国样本下,各省(区、市)之间的区域金融合作也能构成研究的主题。

区域金融合作中,企业、地区政府、金融机构为了实现共同利益,在非生产领域中以资本要素的移动和重新分配为主要内容进行经济协作活动。这恰恰是生态共生理论中的一个较高层次——共生模式的形成和运行过程。因此,就区域金融合作的目标、内容和机理而言,区域金融合作与共生理论具有很强的一致性和适用性。将区域金融合作的特征总结为以下几点:

第一,对区域经济具有依赖性。区域金融合作的实现是依赖于区域经济合作的,只有区域经济发展,才能带动区域金融业的合作与发展。叶耀明等(2010)认为,在长三角区域,金融功能得到了较好的发挥,金融已成为经济增长的重要助推器,但是长三角目前的金融市场化及区域金融合作等的发展还比较滞后,在一定程度上阻碍了金融发展对于经济增长的进一步促进。

第二,金融业发展目标一致。区域金融合作服务区域经济的同时,还谋求金融业的良性发展。

第三,金融机构管理具有协调性。金融资源层次分明,互为依托。彭化非(2012)通过比较珠三角和长三角金融合作的深化程度,总结了金融合作特点和金融合作经验。

第四,区域间与区域内金融的市场运行具有紧密性。黄桂良(2010)基于经济收敛理论,探讨了粤港澳区域金融合作不断深入产生的收敛效应。结果表明,粤港澳区域金融发展呈现显著的 σ 收敛、β 收敛特征,粤澳之间还呈现随机收敛的趋势。同时,他总结了粤港澳区域金融收敛的重要因素。

从区域金融合作能力评价来看,长期以来,不同地区之间的区域经济合作效果差异很大。产生这种差异的主要原因是区域合作能力存在差异。评价区域的金融合作能力主要考虑区域间经济结构的匹配,也就是发达地区的金融资源配置效率、金融产业转移能力,以及落后地区的金融资源吸收能力是否匹配。

金融资源的概念最早被 Goldsmith 在《资本形成与经济增长》一书中提及。白钦先(2000)对金融资源的概念进行了详细的阐述。他将金融资源分为三个紧密相关的层次:第一层次是基础性核心金融资源;第二层次是实体中间性层次，包括金融组织体系和金融工具体系两大类；第三层次是高层金融资源，是货币资金运动与金融体系、金融体系各组成部分之间相互作用、相互影响的结果。

金融资源作为一国基本的战略资源（白钦先，2000），其有效配置问题关乎金融发展和经济发展的可持续性。经济学上用生产可能性曲线表示生产要素的配置及生产效率，同样我们可以利用它表示金融资源的有效配置及金融效率。金融效率是指在金融市场上，在健康的金融管理体制和有效的调节机制下，由金融机构作为金融中介完成的或由融资双方（多方）在市场服务体系下实现的金融资源的帕累托效率（Pareto efficiency）配置（王振山，2000）。地区经济发展不平衡，金融发展差异较大，因此在做金融发展水平的比较时，通常用金融增长作为发展水平的替代指标，最常用的有戈氏指标、麦氏指标。

（二）区域金融开放

区域金融开放包括区域与国之间以及区域之间的开放。区域金融开放不应是国际金融开放裹挟的产物，而应是积极面对的结果。赵伟（2006，2011）的一系列研究指出，任何一个大国在区域经济层面的经济开放，都属于某种"二重开放"（一重是区际开放或区际化，另一重是对外开放或国际化）。将这一思想延伸到区域金融理论，可将金融开放分为区际化开放与国际化开放。

O'Brien(1992)认为金融全球化降低了金融地理的重要性，全球货币交换、债务证券化以及全球衍生品市场的巨大发展，使得制度的变革打破了地理上的障碍。他认为，受政治和政府因素影响，金融自由化的进程被推迟了，这并不是一个很好的结果。从2001年我国正式加入世界贸易组织并签署《全球金融服务贸易协议》后，我国的金融服务业就进入了一个新阶段。外资金融机构进入我国市场的门槛降低，它们逐渐进入中国服务业。许多学者对外资银行进入带来的作用进行了分析。大多数学者从以下三个角度对区域金融开放的影响进行了分析。

首先是经济稳定性的角度。Claessens等（2001）对发达国家和发展中国家的综合样本进行了研究。他们利用80个发达国家和发展中国家1985—

1995 年的外资银行和当地银行的财务截面数据,研究了外资银行的进入对国内银行的利差、利润、非利息收入、管理费用(间接费用)和贷款损失准备的影响。叶欣等(2000)从竞争视角出发,研究外资银行进入、市场结构与银行体系稳定性之间的关系,并用 Logist 经济计量模型对 50 个国家 1988—1997 年的数据进行分析,得到外资银行进入数量的增加将显著降低银行危机发生的可能性的结论。

其次是效率改善角度。刘澜飚等(2010)研究了外资银行进入对于中国银行业效率的影响。Bhaumik 等(2004)认为外资银行的进入会加强国内银行市场的竞争并有可能促进国内银行效率的提高。Becker(1983)和 Montinola(2001)等通过设置两个同质利益部门——银行部门和非银行部门,研究政府对外资银行的数目进行限制所带来的影响。

最后是影响中国信贷供给的角度。毛泽盛(2010)对外资银行对中国信贷供给的影响进行了实证研究,发现外资银行信贷与中国企业信贷之间具有较为显著的二次函数关系,可用 U 形曲线加以描述,随着外资银行信贷的持续增加,中国企业信贷将经历先降后升的过程。郑海青(2008)考虑资本的跨地区流动,认为实际利用外资与经济开放度有很大的关系,分析了东亚金融一体化的程度,并用 $IFI_{it} = \dfrac{(FA_{it} + FL_{it})}{GDP}$($IFI_{it}$ 表示金融一体化程度,FA_{it} 表示流动资产,FL_{it} 表示流动负债)表征金融一体化程度,表明了金融开放程度越高,一体化程度越高。另外,银行的国外债权、股票市场外国持有程度也可表征一个地区的开放程度,然而中国在资本账户没有完全开放的情况下,这两个指标的表征作用不大。

在金融开放的区际化方面,尽管建立全国统一市场、消除贸易壁垒仍是中国社会经济转轨时期最重要的目标之一,但地方保护和市场分割始终没有根除,其中金融市场依然处于高度分割状态,金融资产的流动存在重重障碍(世界银行,2005)。Wurgler(2000)最早研究了资本的全球配置问题。金雪军等(2004)认为金融的“天性”虽然是开放性,但是金融的资金要素流动却存在很强的区域割断性。

(三)区域金融竞争

既然金融资源是有限的,那么竞争便是永恒的话题。区域金融竞争是对金融资源的竞争，包括区域内、区域外竞争。在一个空间内生存着各种金融机构，就像一个生态系统中存活着各类细菌一样，这恰好可以用共生理论来解释区域金融的竞争问题。

银行业竞争能够保证较高的运营效率和配置效率（Meltzer，1966）。Gibson（2010）认为由竞争驱动的创新会带来更多的金融产品和高回报率，以满足资金拥有者的需求，降低资本的成本。然而有很多证据表明金融系统的竞争若结合过多的金融创新，将导致中介活动的不可持续性。将1982年的金融危机与2008年的金融危机进行对比后发现，金融机构之间的过度竞争，促进了中介机构的创新，佣金和费用的增加提高了金融系统中银行环节的成本和潜在的实际投资质量。过度竞争也会使银行承担不可持续的债务，风险总是被低估，在两次危机中都存在这样一种作用机制。

三、小结

区域金融研究应属于专题应用研究，它更多的是一个研究方向，不能完全成为一个学派。从研究内容上讲，与区域金融相关的理论以及成果都是建立在其他学派之上的，其自身并没有形成一个完整且独立的理论，而且学者更加重视提供政策性的应用建议；从分析方法上讲，区域金融所使用的方法远远超出数学和统计学范围的相关专业知识，涉及系统理论、演化经济理论、博弈论等多种理论。因此，笔者对与区域金融相关的理论——区域金融理论和金融地理理论两个比较常用的理论加以阐述。区域金融创新作为区域金融研究的一个主要分支，并没有得到合理的重视，特别是关于区域金融创新在中观层面的传导机制与外部环境之间的关系等方面的研究还比较薄弱。

第三节　效率理论

生产率是探求经济增长源泉的重要工具，也是衡量经济增长质量和效益的重要标准。正因为如此，效率理论和研究方法愈来愈被人们所重视，其已成了学术界研究的热点,相关成果层出不穷。

一、效率的内涵和理论发展

在 Debreu(1951)和 Koopmans(1951)研究成果的基础上,Farrell(1957)定义了厂商效率。他提出厂商效率包括两个成分:技术效率和配置效率。这两个方面也构成总的经济效率。

技术效率即反映厂商从给定的投入集合中获得最大产出的能力,用来衡量在技术水平不变的条件下,生产者实现最大产出的能力,表示生产者的生产活动与生产前沿面的距离。距离越近,则技术效率越高,反之则越低。根据技术效率的含义可知,在技术水平不变的条件下,技术效率的状况决定了生产者能否达到理论上的最大产出。

在规模报酬不变的情况下,Farrell(1957)利用两种投入(X_1,X_2)生产单产出(q),计算的效率水平如图 2.4 所示。

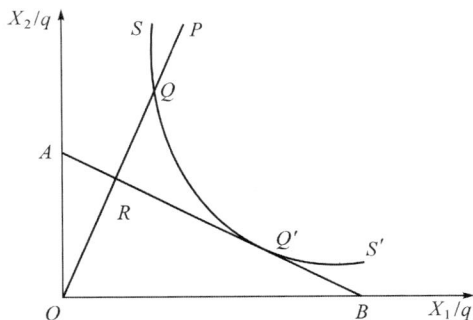

图 2.4 投入导向的技术效率、配置效率

若规模报酬不变,投入为 X_1 和 X_2,产出为 Q。在固定规模报酬下,SS' 线表示完全效率厂商的等产量线,落于 SS' 线右上方的投入组合则为相对无效的投入组合。给定 P 点定义的投入量生产的单位产出,则厂商的技术无效率可用 QP 来表示,它是在产出不减少时所有投入按比例可能减少的量。效率提升后,可在维持产出不变的情况下减少该部分投入。通常以 QP/OP 来衡量维持产出不变时可减少的投入比例,该点的技术效率(TE)可表示为

$$\text{TE} = 1 - QP/OP = OQ/OP$$

TE 的值在 0 和 1 之间。若 TE＝1,则表示有技术效率;若 TE＜1,则表示无技术效率。

二、效率的测算方法

在效率研究方法被提出后,学者们利用各种不同的方法估计前沿函数。最常用的是 Aigner 等(1968)提出的前沿生产函数法。通过测算前沿生产函数和距离函数方法的差异,可将前沿生产函数法分为数据包络分析方法(DEA)和随机前沿分析方法(SFA)。

(一)数据包络分析方法

DEA 运用线性规划方法构建观测数据的非参数分段曲面(或前沿面),然后相对于这个前沿面来计算效率。分段线性凸包的前沿估计方法最早由 Farrell(1957)提出,之后 Charnes、Cooper 和 Rhodes(1978)提出了数据包络分析方法,建立了 CCR 模型,它是 DEA 模型中最基本、最重要的技术,此后学者大量拓展和应用了 DEA 方法。

CRS(不变规模报酬模型)的假设适合于所有厂商均以最优规模运营的情况。然而不完全竞争、政府管制、财务约束等因素将导致厂商不能在最优规模下运营。

(二)随机前沿分析方法

参数方法依赖于生产函数的选择,常用的生产函数为 Cobb-Douglas 生产函数、Translog 生产函数等。参数方法的发展经历了确定型前沿模型和随机型前沿模型阶段,Aigner 等(1968,1977)提出了各自的确定型前沿模型。由于确定型前沿模型把所有可能产生影响的随机因素都作为技术无效率来进行测定,这使得其技术效率测定结果与实际的效率水平有一定的偏差。Aigner 等(1977)和 Meeusen 等(1977)分别提出了随机前沿生产函数模型,对模型中的误差项进行了区分,提高了效率测度方法的准确性。

除了增加表示统计噪声的随机误差项之外,还增加了表示与技术无效率有关的非负随机变量。随着 SFA 的广泛应用,Jondrow(1982)、Battese 等(1992,1995)、Cornwell 等(1993)学者完善了 SFA 方法。Battese 等(1992,1995)通过引入时间概念使 SFA 方法可以对混合数据进行效率评价。SFA

的优点在于允许存在随机误差,但 SFA 设定的前沿函数和无效率项分布的合理性值得考虑。

三、 效率理论在金融行业的运用

(一)行业层面的研究

随着效率方法被广泛应用到企业的投入产出中,它还逐渐被应用到金融行业中。Sherman 等(1985)第一次将 DEA 方法运用到银行业的评价中。张健华(2003)利用 DEA 方法研究了我国商业银行在 1997—2001 年的经营效率。与此类似的还有宋增基等(2009)、顾洪梅(2010)等学者在范围、时间期限等方面的研究。

值得一提的是,效率方法也被运用到金融行业的创新研究方面,如 Bos 等(2009)运用 SFA 方法对 1984—2004 年美国银行业的创新和竞争进行了分析,发现美国银行业的创新和竞争之间呈倒 U 形关系。在他们的研究中对银行业创新的衡量没有使用传统的创新产出变量(如专利技术),而是使用了代表银行创新使成本最小化能力的变量。他们将技术创新与金融创新区别开来,用技术差距表示银行业的创新水平(实际上这已不仅仅指技术),因为技术差距意味着技术上的进步,并因此对创新产生影响。在投入和产出变量一定时,将成本最小化的前沿与现有的成本前沿进行比较,从而得出技术差距以刻画创新。

(二)样本的差异性

随着效率技术的扩展,许多学者注意到银行间的差异,他们用虚拟变量来描述样本银行在组群、区域和规模方面的异质性。

Mester(1997)首先提出银行之间具有差异性,认为不能用同样的标准衡量。他拒绝对所有的银行采用唯一的成本函数,认为在银行大样本容量中存在异质性,采用相同的成本函数会使个体银行效率的估计值产生偏差。Coelli 等(2005)、Bos 等(2007)认为,由于没有共同的评价指标,很难比较效率水平。

Valverde 等(2007)估计了一个共同评价指标,同时寻找并控制无效性银行间的系统性区别,发现当增加控制变量时成本无效性几乎会慢慢消失。其基本的检验依赖于两个重要的假设:一是所有银行都使用同样的转化函数将投入转化为产出，以达到成本最小化或者收益最大化；二是所有银行被假设成拥有同样的效率分布。

还有许多学者将外部环境因素纳入影响前沿位置的模型中，这一问题首先被 Deprins 等(1989)认识到。Kumbhakar 等(2000)也观察到很难判定外部变量是否是生产技术的特点或者是否决定了生产技术。

(三)投入变量与产出变量的选择

在技术效率研究方法上，有学者运用 Charnes 等提出的一般 DEA 方法分析银行效率，还有学者采用 Aigner 提出的 SFA 方法解决金融业多投入、单产出的服务特性。Berger 等(1997)较早地提出了投入与产出的两种识别方法——生产法和中介法。生产法的投入是人力和资本，产出是贷款和存款服务。中介法将银行作为储蓄者和投资人的金融中介。这两种方法都不能完全抓住金融业作为交易程序的提供者和金融中介的双重角色特点，被认为不是很理想。Sealey 等(1977)的资产法，仅仅以收益性资产为产出。Tortosa-Ausina(2002)的价值增值方法以增值性资产为产出。Chu 等(1998)、Avkiran(1999)、Sturm 等(2004)、Das 等(2006)、Drake 等(2006)、Ataullah 等(2004)以及 Pasiouras(2008a,b)采用以银行盈利为导向的中介法界定投入与产出。他们将投入要素定义为利息支出(存款等付息资产的投入)和非利息支出(员工费用、业务费用、折旧和摊销等营业费用)，将产出要素定义为利息收入和非利息收入(交易和衍生品净收入、手续费及佣金净收入、汇兑净收入)。

表 2.3 列出了以上各方法对投入与产出的选择。

表 2.3　投入与产出的选择

分析方法	投入	产出
生产法	人力、资本	贷款、存款服务
中介法	储蓄	投资
以银行盈利为导向的中介法	利息支出(存款等付息资产的投入)和非利息支出(员工费用、业务费用、折旧和摊销等营业费用)	利息收入和非利息收入(交易和衍生品净收入、手续费及佣金净收入、汇兑净收入)
资产法	人力、资本	收益性资产
价值增值法	人力、资本	增值性资产

四、小结

结合上述文献,考虑效率方法在区域金融创新的研究中是否具有适用性,可得到以下两点思考:

(1)技术进步是不是等同于金融创新。根据上文对于技术进步的理解,如果技术进步等同于金融创新,那结果注定是好的,所以金融创新从某种意义上来说更代表着一种效率水平。

(2)金融效率更多地被应用在银行领域。这样带来两个问题:一是投入与产出变量很难取舍;二是银行之间的差异性难以把握,特别是对于我国从四大银行主导的格局刚刚走出来的国情并不适合。

第四节　文献述评

一、内涵理解

从金融创新的内涵方面来看,上述文献通常从微观和宏观层面阐述。微观领域的金融创新通常指金融组织的内部创新,其更加偏向于金融工程领域的创新。常常把金融中介看成一个生产单位,依照其金融产品的多寡与复杂的构造来衡量其金融创新情况,同时,把金融中介取得的利润作为衡量金融创新作用结果的标准。在这种理念下,金融创新与传统生产企业创新并没有太大的区别。然而,由于金融行业在"生产"过程中的特殊性,它们往往尝试突破对于风险的控制、负债等级的要求。而宏观领域的金融创新可以被概括为功能论,其更加重视金融创新在宏观经济中的生产要素作用。常常把金融创新看成是与资本和劳动同等重要的投入,因而金融创新的结构和规模决定了其在宏观经济中的作用是否积极。

二、量化分析

从对金融创新的量化分析来看,由于金融服务类企业对于R&D支出的报道较少，金融专利也不被经常使用，通过分析 R&D 支出或金融专利得到的结果往往不具有普适性，特别是对于中国的国情并不适合。笔者对2008—2011 年中美专利数据进行了对比分析，发现中美两国金融服务领域的专利规模和结构仍有很大差异。2008—2011 年美国金融服务领域的专利申请数量大幅上升，其中前五类专利占所有专利的 0.77～0.82。而前五类专利主要针对的是超越银行业务的投融资工具以及增加资金流通性的金融工具。

在我国，金融专利技术多以数据处理方法与系统为主，分别记录在国际专利统计表的 G06 和 G07 两个分类中。从年度趋势来看，我国申请的专利数量总体上也在上升，但规模不大。截止到 2011 年，由银行申请的专利有1401 项，体现了我国金融业专利保护意识增强，然而也存在与美国等金融业发达国家的差距。我国金融创新以吸纳性创新为主，模仿明显，这种吸纳性创新在金融市场不发达的地区表现尤为突出，有些仅仅是商业银行已有金融工具的简单移植。

总体来看，无论金融创新对经济增长是否有促进作用，都应注意到不同类型的部门金融创新的作用是不同的，就好像在华尔街的金融创新产品和农村金融市场的金融创新产品是完全不同质的一样。因此，系统地讨论区域金融创新以及衡量创新的效率水平与外部性是区域金融研究领域的突破与挑战。

三、作用结果

从金融创新的作用结果来看，学者们对于金融创新的作用并未达成共识，仅有的趋势是在 2008 年后对于金融创新与金融危机的关系有了更多的关注。然而，客观地讲，并不是所有金融创新产品都是失败的。正如 Merton所说，金融创新如同汽车的轮子，汽车脱轨更多的是人为因素造成的。总体来说，金融创新有利于社会福利，其提高资本市场配置效率的功能仍然存在。

第三章　中国区域金融创新的特征分析

第一节　区域金融创新的发生特征

一、区域金融创新发生的时空特征

金融发展的历史,实际上也是金融创新的历史。区域金融创新伴随着中国的金融改革,既是金融改革在某一时期的某一地区的体现,又具有时间和空间的交叉性。现代某个时点的金融创新会成为将来某个时期常态化的金融状态,也会成为下个时期金融改革的羁绊,因此金融创新具有时间上的流量性和空间上的地理特性的交叉特征。

二、区域金融创新工具的差异特征

作为一个发展中大国,我国的金融业发展从无到有,从简单的存贷业务到复杂的金融衍生交易,从国有银行"独大"到各地商业银行"开花",实际上都是金融领域的创新和突破。虽然部分金融产品、金融市场和金融组织有"拿来主义"的影子,但这些舶来品如果能够在有中国特色的经济环境下生根发芽,提高金融效率,并给经济增长注入活力,那么就能体现创新的效应。从金融体系中所衍生出的金融创新工具,存在不同的功能和演变机理,即使是相同的经济体制,也会导致其使金融资本向最终产品转化的效率也不同。由于金融创新工具本身具有异质性,根据功能的不同可以将其分为资本再分配型、风险收益型和生产服务型，或者可以概括为消费型、投资型和生产型。

中国金融创新工具的差异性还体现在专利保护方面。在我国，金融专利技术多以数据处理系统与方法为主，分别记录在国际专利统计表的 G06 和 G07 两个分类中。从年度趋势来看，我国申请的专利数量总体上呈上升趋势。截止到 2011 年，由银行申请的专利为 1401 项。相对而言，美国在金融专利保护方面走在世界前列，美国自 19 世纪 70 年代早期，就已开始对金融专利技术进行保护。金融工具与方法的专利由专门的机构——美国专利和商标局（Unite States Patent and Trademark Office，USPTO）授权，金融类商业方法专利分布在 705/35～705/45 类别中。各类别如下：

705/35：融资（如投资、信贷等银行业务）。

705/36：投资组合选择、计划与分析。

705/37：交易、撮合与竞价。

705/38：贷款（风险）处理与借款处理（如抵押）。

705/39～705/45：银行办公操作方法与业务（如 ATM 网络、远程银行业务、电子资金转移业务等）。

笔者对 2008—2011 年美国 705/35～705/45 类别专利的数据进行整理（见图 3.1）发现，美国金融服务领域的前五专利占所有专利的 0.77～0.82。而前五类专利主要针对的是超越银行业务的投融资工具以及增加资金流通性的金融工具。所以在实际研究中，效仿欧美国家的实证研究，以金融工具的专利技术作为代理变量是不符合实际的。

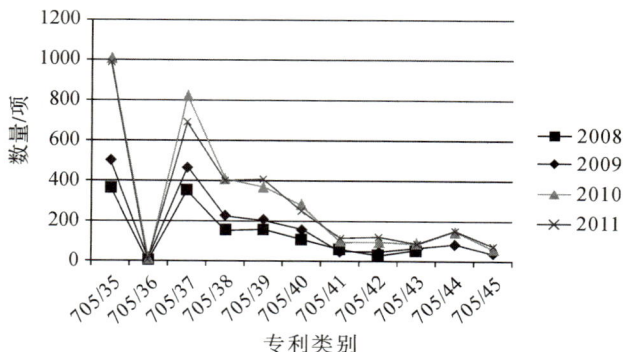

图 3.1　2008—2011 年美国 705/35～705/45 类别金融专利

（资料来源：http://www.uspto.gov，经笔者检索和计算所得，检索日期为 2012 年 3 月。）

三、区域金融创新过程中的投入与产出特征

本书将区域金融创新视为一个独立的体系，试图探究其中的运行机制。作为一个独立的体系，投入要素主要包括物质投入要素和人力投入要素。区域金融创新系统的物质投入要素包括各种金融中介机构及市场资金供需主体。金融创新系统的流动资源主要是人力资源，这些资源流在系统中不断地循环往复，从而产生了复杂的金融创新系统。

相比投入要素来说，区域金融创新的产出要素复杂得多。按照区域金融创新的不同类型，金融创新可表现为区域金融工具创新、区域金融市场创新、区域金融组织创新三个层次。

第一，区域金融工具创新主要表现在金融产品和服务的创新。正如Philip所说，金融领域的创新很少创造完全的新产品，而通常是将现有产品的某一特性进行改变。所以金融工具创新的特性之一是在引进和模仿原有金融产品或服务的基础上进行组合或分解而形成新的产品或服务。在金融服务方面的创新主要表现为金融业硬件设备的研发与更新、金融业务流程的改进和创新等。所有这些金融工具的创新在一定程度上促进了金融业的发展，提高了金融业的技术水平，从而增强了金融业的整体竞争力。它们主要反映区域金融创新的整体效果，在实际金融运行过程中的状态形式主要表现为金融业增加值、银行存贷款余额、债券交易金额、股票交易金额、基金规模、期货交易金额、信托产品交易金额、保费收入等。

第二，区域金融市场创新主要体现在交易市场的创新。在市场机制的调节下，区域内的金融机构根据资金供需主体的需求和自身技术水平的提高，开发新的金融产品，完善市场要素的组合，拓展新的市场，使金融市场体系不断完善，促进金融创新的扩散。如目前为进一步促进地区的协调发展，我国根据区域经济发展的特点相继出台了一系列金融创新政策，设立了金融创新试点，如根据温州民间资本丰富的特点设立了温州金融综合改革试验区，根据农村集体林权改革的进程开展了丽水农村金融改革试点等。新的金融市场一旦形成，其试点效应是巨大的。

第三，区域金融组织创新主要集中于金融组织管理方式和金融组织形

态的创新。金融组织创新的功能是使金融资源得到更为合理的配置,使金融创新主体更能发挥个体的优势,从而形成合力,实现规模效应。在本书所选择的观测时段上,区域金融组织的创新主要表现为与整个金融业相关的政府主导式的制度创新。此种宏观制度的创新主要是指政府在对金融业发展进行指导、协调和控制的前提下所进行的金融宏观制度的创新。金融制度创新的功能是保障金融创新系统的正常运行,提高金融创新系统的效率。例如,新型农村金融机构的诞生在一定程度上体现了政府对于农村金融组织机构的改革与创新,2011 年年底新型农村金融机构地区分布如表 3.1 所示。微观制度的创新主要是指金融主体内部管理制度的改善和革新。

表 3.1　2011 年年底新型农村金融机构数量地区分布　　　　单位:%

农村金融机构	东部	中部	西部	东北
村镇银行	30.4	23.8	31.1	14.7
贷款公司	22.2	22.2	44.4	11.1
农村资金互助社	29.5	15.9	36.4	18.2
小额贷款公司	26.7	25.3	31.7	16.2

资料来源:《2011 年中国区域金融运行报告》。

第二节　区域金融创新的发展特征

一、区域金融创新与竞争

区域金融创新的发展过程往往伴随着区域内部或区域之间的竞争。金融创新如同其他技术创新一样具有复杂性,由于掌握知识与积累经验以便对金融工具进行合理有效的定价和对金融市场的制度进行安排需要一定的"学习成本",所以金融工具创新和金融制度创新都比其他领域的创新困难得多。金融业务创新的早期,金融业务多集中在少数创新者手中,跟随者得到学习的机会少,对交易的内在规则就掌握得更不充分。所以如果某交易能够给创新者带来一定的利润,便会引起效仿,造成新工具市场竞争异常激烈,创新者创新工具的初始利润会迅速下降,从而使利润不足以弥补从事新工具业务带来的损失。

总体来看,我国区域金融创新以吸纳性创新为主,这种吸纳性创新在金融市场不发达的地区表现尤为突出。如相对于商业银行,农村金融机构的创新品种更为单一,有些仅仅是商业银行已有金融工具的简单移植。无论金融创新对经济增长是否有促进作用,都应注意到不同类型部门的金融创新的作用是不同的,就好像华尔街的金融创新产品和农村金融市场的金融创新产品是完全不同质的一样。

二、区域金融创新与开放

区域金融创新与开放之间在某种程度上是平行并列的关系,也就是说,开放是创新的一种途径。在中国,金融开放有两层含义,一是金融的对外开放,二是金融的对内开放。然而,无论哪种形式,其前提条件都是资本的跨区域流动。改革开放之前,引起区域资本流动的主体主要是政府部门;改革开放以后,引起区域资本流动的主体从单一的政府部门扩大到银行等金融机构、企业、个体,以及国外投资机构或者投资商。在东、中、西部地区投资利润率存在差距的情况下,受利益的驱动,各种形式的资本都倾向于流向东部地区,造成原本资金就短缺的中、西部地区面临更严重的资金短缺。这一结果使资本丰沛的东部地区资本流动性增强,这些地区极易进行金融创新,成为区域金融创新的沃土。

笔者根据区域金融中心相关文献对区域金融中心进行了构想,如表 3.2 所示。

表 3.2　对区域金融中心的构想

序号	城市	构想	已建立的区域市场
1	上海	到 2020 年,基本建设成与我国经济实力和人民币国际地位相适应的国际金融中心	上海自由贸易试验区 上海期货交易所 上海证券交易所

续表

序号	城市	构想	已建立的区域市场
2	北京	具有国际影响力的金融中心	
3	深圳	现代化、多功能、开放型的区域金融中心,使深港共同成为亚太区域性的国际金融中心	深圳证券交易所
4	天津	构建与北方经济地位相适应的现代服务体系和金融创新中心	天津滨海新区国家综合配套改革试验区
5	南京	长江中下游区域性金融中心	
6	沈阳	东北地区金融中心	
7	大连	立足大连,面向东北三省,辐射华北腹地及东北亚地区的国际金融中心	大连商品交易所
8	郑州	立足郑州、服务中原、辐射中西部的区域金融中心	郑州商品交易所
9	武汉	区域性、集成性、筹资性的华中地区金融中心	
10	长沙	中南地区的金融中心	
11	南宁	泛北部湾区域金融中心、中国—东盟的人民币国际交易中心、中国—东盟的人民币国际清算中心、泛北部湾区域合作的投融资中心	
12	成都	西部金融中心	
13	厦门	海峡西岸区域金融中心	
14	重庆	长江上游的辐射型的融资型产业金融中心	
15	兰州	西北区域金融中心	
16	青岛	山东省区域金融中心	
17	杭州	长三角区域性金融中心	民营企业集聚
18	宁波	东南沿海区域性金融中心	
19	广州	珠三角区域性金融中心	
20	西安	西北区域性金融中心	
21	长春	东北区域性金融中心	
22	昆明	金融机构集聚、产业发展与金融资源配置高效的区域性金融中心和人民币跨境结算中心	
23	哈尔滨	面向东北亚的区域性金融中心	

三、区域金融创新与合作

在经济发展的初期,区域金融创新往往伴随着区域之间的金融开放与合作共同展开。在某种程度上说,区域之间的金融开放与合作是区域金融创新的表现形式,开放与合作是创新的最终结果。特别是对于经济转轨的中国来说,区域之间丰富的经济层次决定了开放与合作是区域金融创新的必然之路。

在区域竞争的条件下,区域金融合作成为金融创新的必然趋势。基于差异性与集聚性的区域金融合作是创新的动力。目前已经形成的区域金融合作区包括长三角、珠三角地区,对外开放与合作的区域包括东北亚金融合作区、泛北部湾区域金融合作区等。长三角、珠三角、环渤海主要经济圈得到进一步发展,区域经济金融合作加快,对全国经济的辐射和拉动作用进一步增强。这里以长三角和珠三角地区的金融合作为例阐述区域金融合作的发展。

长三角地区金融合作在金融环境、金融市场和金融机构三个方面呈现出三种层次。上海为区域金融第一层次,杭州、宁波、苏州与南京为第二层次,其他城市为第三层次。第一层次和第二层次的城市之间已形成较强的辐射力,上海的辐射范围最广;在长三角南翼,宁波与杭州是具有不同功能的区域金融辐射中心;在长三角北翼,苏州与南京是区域次级金融中心。在珠三角地区,珠港澳金融合作主要体现在三个方面:一是互设跨境金融机构。此类金融机构的数量在不断增加。二是区域金融市场合作。在证券市场方面,就近选择香港股市成为珠三角企业境外上市的主要途径;在外汇市场方面,中银香港和中银澳门从2004年起分别在外汇交易中心深圳和广州分中心从事港元、美元、日元、欧元对人民币即期自营和代理交易。三是支付结算合作。主要有粤港港元票据双向联合结算业务,以实现粤港港元和美元实时支付。

第三节　小　结

　　从区域金融创新的发生机制来看,基于金融创新发生的时空特征,在创新水平的衡量和效应影响等方面的处理应该能够与所研究阶段相对应。同时,在定量分析中,由于本书侧重对金融业的研究,将金融业视为一种产业,并不针对一种金融工具的创新,所以本书在后面的研究中采用了以投入产出为导向的非参数研究方法对区域金融创新进行分析。

　　从区域金融创新的发展机制来看,竞争是区域金融创新的动力,开放是区域金融创新的趋势,合作是区域金融创新的路径,如图 3.2 所示。所以本书在后面的研究中从区域金融创新的定量测度展开,对区域金融创新的经济环境与社会环境影响因素进行分析,并探讨竞争与创新在空间上的效应问题,以及不同区域的金融创新对经济增长的作用,最终落脚到区域金融创新合作模式的选择上来。

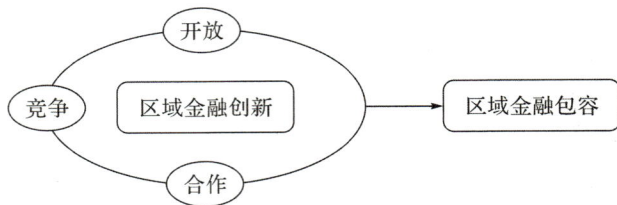

图 3.2　区域金融创新与竞争、开放、合作

第四章 中国区域金融创新效率评价

第一节 研究方法的适用性分析[①]

一、金融创新与效率的耦合性

1. 内涵的理解

效率方法对区域金融创新研究的适用性主要体现在金融创新与效率在内涵上的耦合性。根据 Schumpeter(1934)对"创新"的概括,即"创新是经济过程中生产要素同生产条件新的组合方式",可以把金融创新理解为金融部门通过资源配置以提高金融效率的组合方式。因此,金融创新虽然是一种生产要素,但其更多的体现了对生产要素的配置,而效率恰好能反映对生产要素的利用能力,所以适用于分析金融业多投入、多产出的服务特性。因此,结合 Bos 等(2009)对欧盟国家金融创新的概括,在适当选取投入与产出变量的基础上进行效率评价与金融创新的测度是耦合的。

2. 与其他相关方法的界定

本部分回答为什么没有采用效率测算的其他方法进行评价。在讨论效率时,有必要对现有文献中的相关术语进行解释。

生产率,又称为生产力,是指厂商所生产的产出与所需投入的比值,也

---

① 本部分主要就效率方法的应用以及应用中可能遇到的技术问题进行解释。

就是，生产率＝产出/投入，其更适用于单投入、单产出的生产过程。

当提及生产率时，生产率被更多地理解为全要素生产率，它包括所有生产要素的生产率，在多产出背景下，它也包括所有产出。其他传统的生产率，如工厂的劳动生产力、农场的土地生产率都被称为部分的生产率。如果孤立地考察这部分生产率，则可能会对生产率指标产生误导。全要素生产率的提高是技术进步、技术效率和要素配置效率的提高等因素共同作用的结果。

生产率与效率经常被交替使用，而它们的含义并不相同。如图 4.1 和图 4.2所示，曲线 OF'_1 表示生产前沿面，用来界定投入与产出关系。生产前沿表示对应每种投入水平的最大产出，因此它反映了某一行业当前的技术水平。一个厂商处于生产边界上，那么此时它是技术有效的。图中 A 点表示无效点，B 点和 C 点表示有效点。

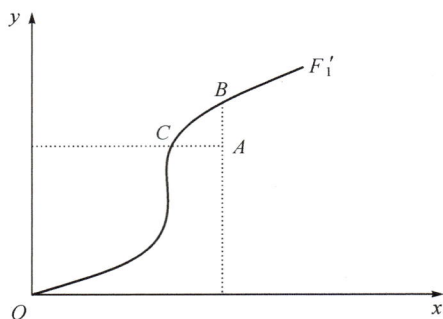

图 4.1　生产边界与技术效率

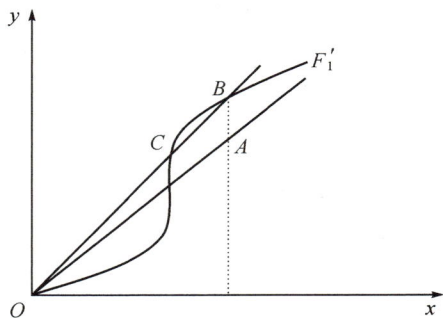

图 4.2　生产率、技术效率、规模经济

用通过原点的射线来测算该点的生产率,射线的斜率是 y/x,即生产率。点 A 移动到点 B,射线斜率变大,意味着 B 点生产率更高。如果移动到点 C,则此时的生产率最大。同时,点 C 也是最优规模的点。说明一个厂商是技术有效的,但是仍可通过寻找规模经济来提高自己的生产率。

技术进步表现为生产前沿面外移,如图 4.3 所示,一定的技术水平限定了从既定的资源中所能够获取的产品的最大数量。

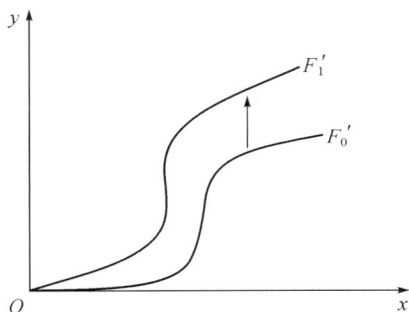

图 4.3　技术进步

二、投入变量与产出变量的选择

本书不探究哪种方式的界定更加合理。本书以服务本研究出发,确定物质资本与人力资本为中国区域金融创新效率评价的投入变量,理由有两点:一是因为本书的分析对象外延至"金融"。创新的投入是针对金融业的,金融业与制造业的区别是金融业的创新者和销售者会共同参与一项新的金融产品创新。举例来说,一个新的金融工具产生,可以把该产品的设计者和研发者视为投入,同时金融产品的销售者也应算作投入。二是因为本书分析的对象外延至"区域"。金融创新的投入是针对一个地区的,如何提高地区的人力和资本投入对地区管理者来说更有实际价值。若效仿微观金融创新的研究,以存款或贷款作为投入指标,却不能反映该地区的产出情况,对于地区管理者来说意义并不大。在投入变量与产出变量的选取上,本书依据中国金融业的发展现状,从金融中介、金融市场和组织结构三个方面选取指标,基本思想如图 4.4 所示。

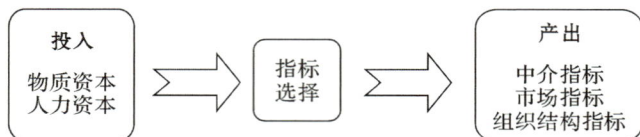

图 4.4　投入变量与产出变量的选择

第二节　研究方法、变量与数据说明

一、效率的测算方法

在效率研究方法被提出后,学者们利用各种不同的方法估计前沿函数。最常用的是 Aigner 等(1968)提出的前沿生产函数法。通过测算前沿生产函数和距离函数方法的差异,可将前沿生产函数法分为数据包络分析方法(DEA)和随机前沿分析方法(SFA)。

1.数据包络分析方法

在 CCR 模型中技术效率可以进一步分解为纯技术效率和规模效率。纯技术效率是指在考虑规模报酬的情况下,各决策单元在既定的投入下所能够达到最大产出的能力。规模效率是指决策单元对固定规模报酬的偏离程度。CRS 的假设适合于所有厂商均以最优规模运营的情况。然而不完全竞争、政府管制、财务约束等因素将导致厂商不能在最优规模下运营。Banker、Charnes 和 Cooper 于 1984 年提出了 BCC 模型用于解释规模收益可变(VRS)的情况。通过执行 CRS 以及 VRS-DEA,可以获得每个厂商的规模效率。然后把从 CRS-DEA 获得的技术效率值分解为两个部分:一个是规模无效率,另一个是纯技术无效率(VRS-TE)。对某一特定厂商,如果 CRS 技术效率值与 VRS 技术效率值不同,说明该厂商是规模无效率的。

2.随机前沿分析方法

Aigner 等(1977)和 Meeusen 等(1977)考虑到了生产者行为要受到各种随机因素的干扰,分别提出了如下形式的随机前沿生产函数模型,对模型中的误差项进行了区分,提高了技术效率测定的精确性。

$$\ln q_i = x_i'\beta + v_i - u_i \quad (i = 1, 2, \cdots, N)$$

除了增加表示统计噪声的随机误差项 v_i 之外,还增加了表示与技术无效率有关的非负随机变量 u_i。Battese 和 Coelli 在前人研究的基础上进行了改进,引入了时间的概念,使 SFA 模型可以对面板数据进行效率评价。具体模型如下:

$$Y_{it} = f(x_{it}, \beta)\exp(v_{it})\exp(-u_{it}) \quad (i = 1, 2, \cdots, N; t = 1, 2, \cdots, T)$$

式中,Y_{it} 是第 i 个决策单元的 t 时期产出,x_{it} 是第 i 个决策单元的 t 时期的全部投入,β 为模型参数,v_{it} 为随机误差项,$u_{it} = u_i\exp[-\eta(t-T)]$ 为非负误差项,η 为被估计的参数。

二、变量与数据说明

以下为本书对投入变量、产出变量的简要说明。

(一)投入变量①

按照经济学研究中的基本做法将资本存量和劳动力视为投入产出系统中的两个基本投入。对区域金融创新而言,其投入为金融业就业人数和金融业资本存量。本书采用永续盘存法将每年的金融业固定资产投资平减为各期的资本存量。此处需要解决两个问题:一是基年的资本存量,二是固定资产投资价格指数。

1. 基年的资本存量

一般有两种做法:一种是假定基期的省(区、市)资本存量相同,先估计全国的基期资本存量,然后将其平均分配到各个省(区、市),如宋海岩等(2003);另外一种做法是以基期的固定资本形成总额除以某个具体数值所得的量作为初始资本存量,比如 Young(2000)和张军等(2004)以 10% 做分母,Hall 等(1999)估计全球 127 个经济体 1960 年(基期)的资本存量所采用的公式就是 $k_{j,1960} = \dfrac{I_{j,1960}}{0.06 + g_{j,1960}}$,其中 $I_{j,1960}$、0.06 和 $g_{j,1960}$ 分别是经济体 j

---

① 这部分作为笔者博士论文的前期成果在笔者的专著《区域金融创新研究——开放、合作与竞争的视角》中有所体现。

在 1960 年的投资、折旧率以及在 1960—1970 年投资的几何平均增长率。本书与 Young 和张军等的做法相同，初始资本存量采用基期的固定资本形成总额除以 10%。

2. 固定资产投资价格指数

由于在估算过程中，统计资料中的固定资产投资数据都是以当年价格计算的名义值，因此需要把它缩减为以基年不变价格核算的实际值。

2004—2011 年的固定资产投资采用各地区分行业的固定资产投资，这些数据来自《中国统计年鉴》，年鉴中有完整的数据；2001—2003 年的固定资产投资采用基本建设投资、更新改造新增固定资产和城镇集体固定资产投资加总。根据《中国统计年鉴》的解释，全社会固定资产投资是指以货币形式表现的在一定时期内全社会建造和购置固定资产的工作量以及与此有关的费用的总称。该指标是反映固定资产投资规模、结构和发展速度的综合性指标，也是观察工程进度和考核投资效果的重要依据。按照管理渠道，固定资产投资可分为基本建设、更新改造、房地产开发投资和其他固定资产投资四个部分。其他固定资产投资包括国有企业未纳入的基本建设计划和更新改造计划管理以及城镇集体固定资产投资。

（二）产出变量

本书从金融中介、金融市场和金融组织三个方面选择产出变量。

1. 金融中介

选择金融业增加值作为衡量金融中介效率的指标。本书将金融业总产出扣除中间消耗的金融业增加值作为产出指标，要说明的是本书以效率刻画金融创新，且剔除环境的影响因素，并不完全以此作为金融创新的代理变量。根据 1993 年的国民账户体系（System of National Accounts，SNA）提出的新的核算思路以及杨缅昆等（1999）对金融业产出的解释，在计算过程中金融业增加值包括各类银行、非银行金融机构和信用合作组织等金融机构剥离中间消耗的总产出。金融业增加值是指金融业的全部基层单位一定时期内创造出来的价值之和，通常采用生产法和收入法计算。用生产法计算就是：

增加值＝总产出－中间消耗

总产出和中间消耗的计算公式如下：

总产出＝各项利息收入－各项利息支出＋手续费收入＋信托业收入＋
　　　　融资租赁业务收入＋外汇业务收入＋证券业收入＋咨询业务
　　　　收入＋投资分红收入

中间消耗＝手续费支出＋营业费用－职工工资－职工福利费－劳动保
　　　　险费－待业保险费－税金

以上是用生产法计算金融业增加值，也可以用收入法计算增加值，数据来源是金融机构损益表，计算方法和运输邮电收入法增加值相同。保险业和金融业一样，保险业增加值既可以用生产法计算，也可以用收入法计算。生产法计算就是：

增加值＝总产出－中间消耗

总产出＝营业收入－赔款支出－退保金及给付－分保费支出－分保赔
　　　　款支出－分保费用支出－提存未决赔款准备金＋准备金投转
　　　　差＋投资收益

中间消耗＝手续费支出＋营业费用－（工资＋补助工资＋职工福利费
　　　　＋劳动保险费＋待业保险费＋固定资产折旧费）＋金融服
　　　　务费。

也可以用收入法计算增加值，数据来源是保险机构损益表，计算方法和运输邮电收入法增加值相同。[1]

无论是生产法还是收入法都能够较合理地反映区域金融机构的各方面的产出与收入，所以本书以各年度《中国统计年鉴》提供的金融业增加值作为金融业的产出，利用与处于前沿面的区域之间的可变规模报酬技术差距诠释区域金融创新效率的概念，并最终得到2001—2011年各地区的金融创新效率。[2]

2. 金融市场

以其他金融资产与现金形式资产的比例作为金融市场活动的衡量指

---

① 文中总产出数值为金融业和保险业的合并数据。
② 区域金融创新效率数值可向笔者索要。

标,因为该指标能刻画金融市场创新活动的信息。并且一个地区由投资行为形成的资产与现金形式的资产比例越高,金融创新活动就越明显。本书中的其他金融资产包括当年国内股票（A 股）筹资、当年国内债券筹资和创业风险投资资本总额,其中当年国内股票（A 股）筹资和债券筹资数据来自《中国区域金融运行报告》,创业风险投资数据来自《中国创业风险投资发展报告》;现金形式资产包括银行存贷款余额,该数据来自《中国金融年鉴》。因创业风险投资资本形成较晚,所以金融市场模型指标选取了 2006—2011 年这个时间段。

3.金融组织

以新型金融组织占比为权重的多元化指数,也就是多元化经营指数 HDI,作为衡量金融组织创新的指标。HDI 越大,则多元化经营程度越低。公式为:

$$HDI = \sum_{i=1}^{n} P_i^2$$

式中,P_i 为第 i 种新型金融组织的个数占所有组织个数的比重。

三、变量的统计描述

对变量的统计描述如表 4.1、表 4.2 和表 4.3 所示。

表 4.1　金融中介模型的统计描述（2001—2011 年）

变量		均值	方差	最小值	最大值	样本容量
投入变量	资本存量	0.5388	0.3647	0.0146	2.0485	330
	劳动力	13.0991	8.1334	1.4000	46.1000	330
产出变量	金融业增加值	382.59	512.56	6.38	2916.13	330

表 4.2　金融市场模型的统计描述（2006—2011 年）

变量		均值	方差	最小值	最大值	样本容量
投入变量	资本存量	0.6264	0.3961	0.0505	2.0485	180
	劳动力	14.3300	8.9500	1.5000	46.1000	180
产出变量	其他金融资产与现金形式资产的比例	0.0141	0.0164	0.0000	0.1204	180

表 4.3　金融组织模型的统计描述(2006—2011 年)

变量		均值	方差	最小值	最大值	样本容量
投入变量	资本存量	0.6264	0.3961	0.0505	2.0485	180
	劳动力	14.3300	8.9500	1.5000	46.1000	180
产出变量	新型金融组织机构资产总额的占比	0.0324	0.0346	0.0008	0.3149	180

四、效率评价及演变特征

从效率评价的结果来看,如表 4.4 和图 4.5 所示,在金融中介模型中,2001—2011 年的技术效率均值、纯技术效率均值与规模效率均值分别为 0.377、0.523 和 0.718;在金融市场模型中,2006—2011 年的技术效率均值、纯技术效率均值与规模效率均值分别为 0.198、0.318 和 0.589;在金融组织模型中,2006—2011 年的技术效率均值、纯技术效率均值与规模效率均值分别为 0.223、0.347 和 0.656。根据效率评价结果,至少可以在以下几个方面进行总结:

第一,省(区、市)整体效率水平与前沿样本省(区、市)尚有距离,其中规模效率高于纯技术效率,说明地区金融创新效率的提高很大程度上依靠扩大规模的途径实现,而代表管理能力和技术水平的效率并不高。[①]

第二,在三个层面的模型中,金融中介创新效率高于其他两个层面的效率。这也反映出我国以银行等金融中介作为主导的格局。股票交易、债券交易和创业风险投资等创新型融资方式相对来说发展程度较低。

第三,效率最高的是北京和上海。这很大程度上是因为上海处于国际金融中心的地位,具有得天独厚的环境条件、技术应用基础以及管理组织方式;而北京在金融技术应用与管理组织方面具有先天优势。在金融中介和金融市场两个模型中,北京、天津、上海、广东也有若干年处于前沿面上,这四个省(市)均位于我国东部经济发达地区。青海和宁夏虽然位于可变规模报酬不变的前沿面上,但其规模效率却排在全国的末位,可见这与追求规模

---

① 调整前的效率结果可向笔者索要。

扩大换取效率提高有关。

第四，从变化趋势上来看，多数省（区、市）的金融技术效率呈现上升的趋势，如天津、河北、内蒙古、河南、吉林、黑龙江、江苏、浙江、广东、广西、重庆、四川、贵州、云南、陕西、青海、新疆。也有部分省（区、市）呈现上升、下降的波动特征，转折点大约分别在 2004 年和 2008 年，如北京、江西、甘肃、福建、湖南；上升与下降反复波动的有山东、湖北、海南、宁夏、山西、辽宁、安徽。而山西的金融创新效率在样本期内一直在下降，东部沿海省（区、市）的金融创新效率基本保持上升趋势。

第五，区域金融创新效率的改进体现在处于前沿面的省（区、市）数量在逐渐增加。具体而言，2001 年至 2011 年处于前沿面上的省（区、市）数目分别为 1 个和 3 个。2011 年天津市处于前沿面上，江苏、浙江和广东等随着时间的推移逐渐接近前沿面省（区、市），保持了区域金融创新的高效率水平。

表 4.4　金融创新效率评价

模型	效率	2011年	2010年	2009年	2008年	2007年	2006年	2005年	2004年	2003年	2002年	2001年	均值
金融中介模型	技术效率	0.531	0.498	0.444	0.418	0.302	0.370	0.330	0.323	0.351	0.306	0.284	0.377
	纯技术效率	0.622	0.600	0.581	0.556	0.474	0.524	0.479	0.516	0.498	0.464	0.438	0.523
	规模效率	0.866	0.852	0.777	0.750	0.638	0.715	0.692	0.650	0.693	0.645	0.625	0.718
金融市场模型	技术效率	0.188	0.259	0.191	0.255	0.123	0.174						0.198
	纯技术效率	0.273	0.323	0.341	0.342	0.291	0.338						0.318
	规模效率	0.684	0.794	0.574	0.694	0.322	0.466						0.589
金融组织模型	技术效率	0.227	0.239	0.212	0.212	0.162	0.283						0.223
	纯技术效率	0.333	0.339	0.349	0.337	0.342	0.379						0.347
	规模效率	0.739	0.758	0.669	0.607	0.439	0.726						0.656

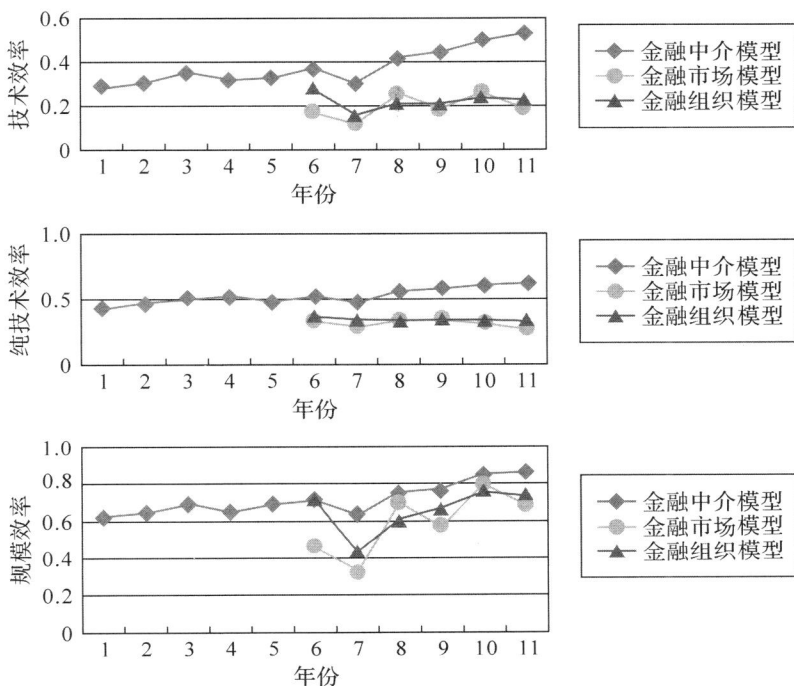

1—2001 年；2—2002 年；3—2003 年；4—2004 年；5—2005 年；6—2006 年；7—2007 年；
8—2008 年；9—2009 年；10—2010 年；11—2011 年。

图 4.5　区域金融创新效率演变

第三节　效率的区域差异分析

根据上文的估计结果，下文总结了金融创新效率在区际层面的差异，并试图寻找这种创新效率差异的区际特征。为了进一步描述金融创新效率的区际演进模式，本书将效率方法测算得到的省（区、市）数据分为两组：沿海—内陆①

---

①　在本书中，沿海的省（区、市）包括北京、天津、河北、辽宁、上海、江苏、浙江、福建、山东、广东、海南、广西。由于北京作为首都和直辖市得到更多的政策优惠，并且靠近天津港，所以将其归类为沿海城市。内陆的省（区、市）包括山西、内蒙古、吉林、黑龙江、安徽、江西、河南、湖北、湖南、重庆、四川、贵州、云南、陕西、甘肃、青海、宁夏、新疆。西藏、香港、澳门和台湾由于数据缺失没有包括在本书的统计中。

和八大经济区①。

一、沿海与内陆的差异

从沿海和内陆的分组比较来看,如图 4.6 和图 4.7 所示,在金融中介模型和金融市场模型中,至少可以观察到以下几点规律:首先,在整体效率水平上沿海的效率均值高于内陆的效率均值。其次,在规模效率水平上沿海和内陆的差距在缩小,这在很大程度上是由单纯的以扩大规模的方式来提高金融创新水平导致的。

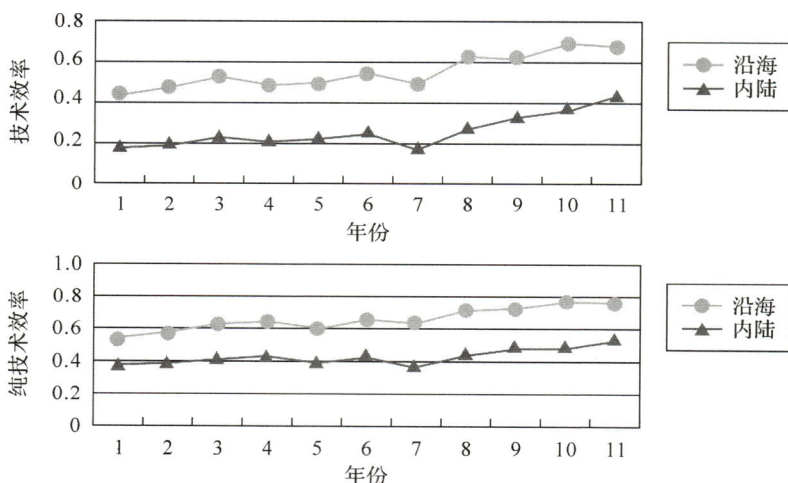

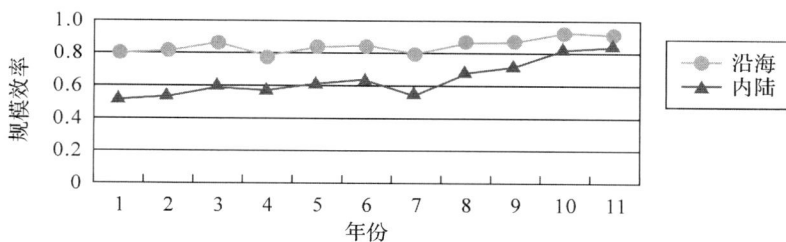

1—2001 年；2—2002 年；3—2003 年；4—2004 年；5—2005 年；6—2006 年；

7—2007 年；8—2008 年；9—2009 年；10—2010 年；11—2011 年。

图 4.6　沿海与内陆效率差异（金融中介模型）

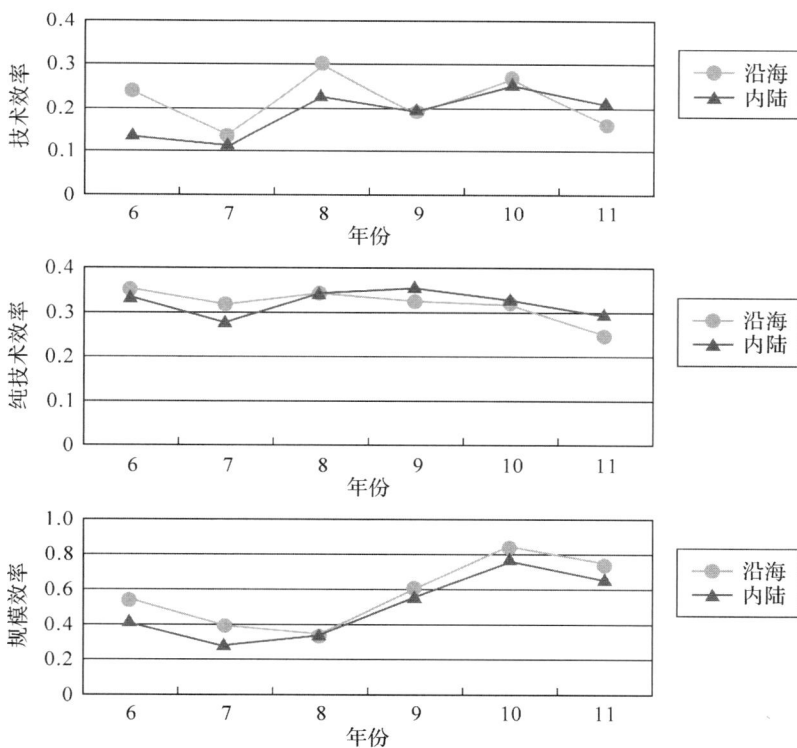

6—2006 年；7—2007 年；8—2008 年；9—2009 年；10—2010 年；11—2011 年。

图 4.7　沿海与内陆效率差异（金融市场模型）

二、八大经济区的差异

由图 4.8 和图 4.9 可以看出：在金融中介模型中，长三角的区域金融创新效率最高，其次是环渤海和珠三角，其他区域表现出不稳定性；在金融市场模型中，环渤海地区的区域金融创新效率最高，其次是西部和珠三角。

从总体上看，在金融中介模型中我国八大经济区的金融创新效率呈波动上升趋势，2004 年八大经济区的金融创新技术效率基本都没有超过 0.6，之后金融创新效率一直处于较为稳定的水平；由于金融市场模型中采用的几个指标时间较短，时间波动规律不是很明显。

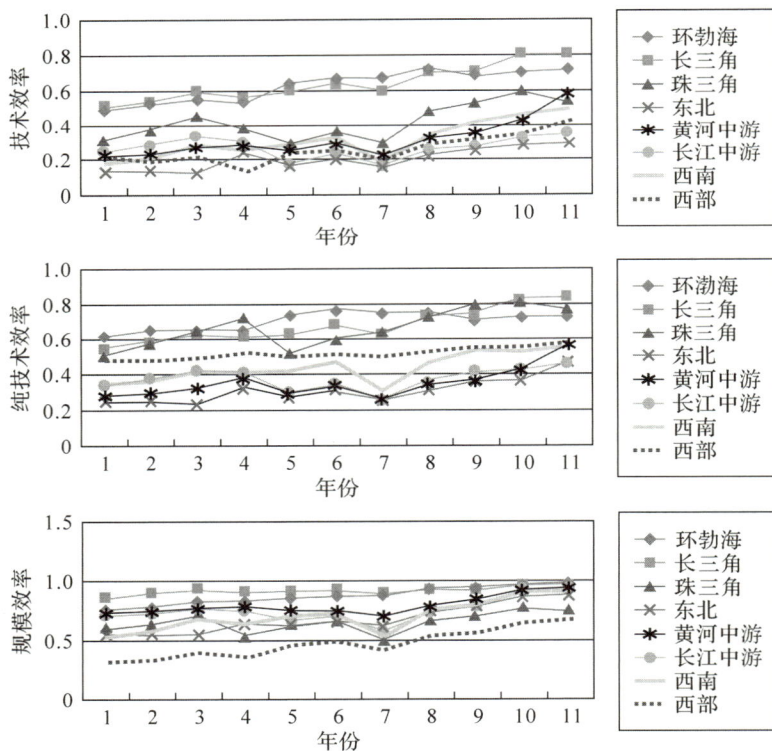

1—2001 年；2—2002 年；3—2003 年；4—2004 年；5—2005 年；6—2006 年；
7—2007 年；8—2008 年；9—2009 年；10—2010 年；11—2011 年。

图 4.8　八大经济区的金融创新效率差异（金融中介模型）

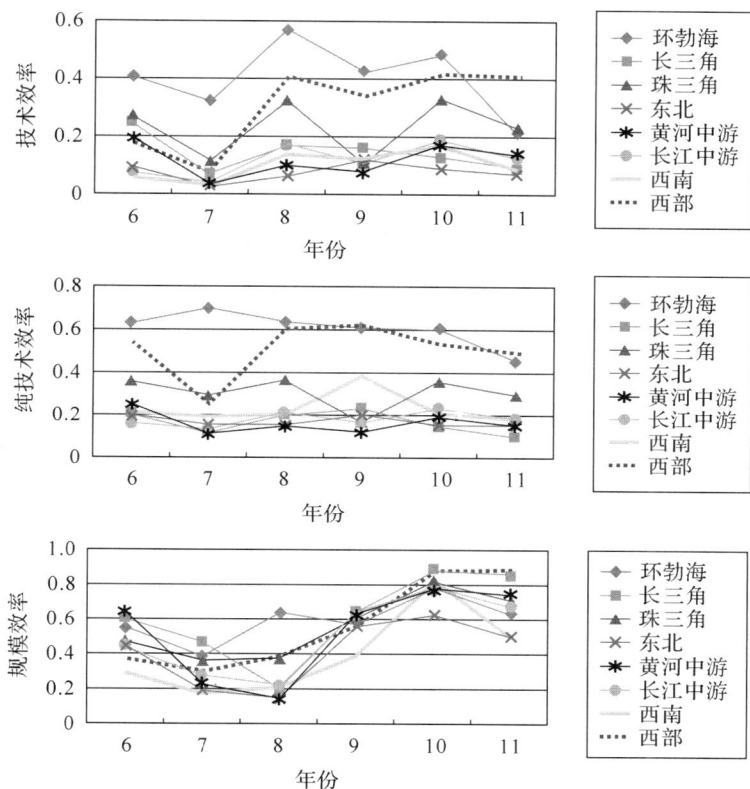

6—2006 年;7—2007 年;8—2008 年;9—2009 年;10—2010 年;11—2011 年。

图 4.9　八大经济区的金融创新效率差异(金融市场模型)

第四节　小　结

本章以我国省(区、市)面板数据为研究对象,采用 DEA 方法测算了区域金融创新的效率水平,并对区域金融创新的区域差异进行了分析。得出了以下几个方面的结论:

首先,省(区、市)整体效率水平与前沿样本省(区、市)尚有差距,其中规模效率高于纯技术效率,说明地区金融创新效率很大程度上依靠扩大规模提高效率的途径实现；在三个层面的模型中，金融中介创新效率高于其他两个层面的效率水平。

其次，从两种分组的区际效率水平比较来看，沿海整体效率水平高于内陆的效率水平，长三角、环渤海和珠三角的区域金融创新效率水平较高，按照效率水平划分区域金融创新更易找到区域之间的异质性。从时间趋势上看，区域之间的金融创新效率存在差异。

最后，在地区的经济发展过程中，金融创新不应以规模扩大为代价。区域金融创新应该是各种资源的整合及合理利用，区域金融政策的制定应注意金融创新效率和水平的提高，不能盲目照搬，以免造成资本和人力投入的低效利用。

第五章　中国区域金融创新的
环境影响与差异分析

第一节　研究方法描述

本章采用三阶段 DEA 方法对环境和随机误差因素进行剥离。大多数学者运用 DEA 方法在成本或（和）利润效率基础上研究金融组织的技术变化，然而无论是一阶段 DEA 还是二阶段 DEA 都不能将环境和随机误差因素对效率值的影响进行剥离。基于此，Fried 等（2006）提出了三阶段 DEA 方法，由于该方法有效剥离了环境因素和随机误差的影响，所得到的效率值更能反映决策单元的实际效率水平。

第一阶段：运用 DEA 模型研究各地区的金融业与前沿面的技术差距，以此度量中国各地区的金融创新水平。DEA 模型可分为 CCR 模型和 BCC 模型两种。CCR 模型是由 Charnes、Cooper 和 Rhodes 提出的第一个 DEA 模型，在此基础上 Banker、Charnes 和 Cooper 提出了 BCC 模型。BCC 模型放宽了规模报酬变动的效率问题，将 CCR 模型中的技术效率分解为纯技术效率和规模效率。三者之间的关系为：技术效率＝纯技术效率×规模效率。本书以全国各省（区、市）作为决策单元，采用中国省（区、市）面板数据，求得技术效率值，从而将区域金融创新水平加以初步刻画，并将我国区域金融创新效率分解为纯技术效率和规模效率。

第二阶段：找到影响决策单元投入冗余的环境因素，通过构建 SFA 模型，观察外在环境因素和统计噪声对区域金融创新效率的影响：

$$s_{ni} = f(z_k, \beta^n) + v_{nk} + u_{nk} \quad (n = 1, 2; i = 1, 2, \cdots, I; k = 1, 2, \cdots, K) \quad (5.1)$$

式中，$f(z_k, \beta^n)$ 为随机前沿函数，一般取线性形式，表示环境因素对投入冗余的影响；z_k 为环境影响因素向量；β^n 为相应因素的系数；$v_{nk} + u_{nk}$ 为混合误差；v_{nk} 表示随机扰动，服从 $N(0, \sigma_v^2)$ 分布；u_{nk} 为管理非效率项，服从非负断尾正态分布，即 u_{nk} 服从 $N^+(u, \sigma_v^2)$ 分布；v_{nk} 和 u_{nk} 不相关。根据管理无效率的条件估计 $E[u_{nk}/(v_{nk} + u_{nk})]$，将随机扰动从管理非效率中分离出来，其方法是：

$$E[v_{nk}/(v_{nk} + u_{nk})] = s_{nk} - z_k \beta_k - E[u_{nk}/(v_{nk} + u_{nk})] \quad (5.2)$$

第三阶段：对投入量进行调整，调整的思想是将处于不同环境的决策单元调整至相同环境。由于调整后的投入数据剥离了环境因素等影响，因此能够更客观地反映决策单元的效率状况。调整的方法是：

$$x_{nk}^a = x_{nk} + [\max(z_k \beta) - z_k \beta] + [\max v_{nk} - v_{nk}] \quad (5.3)$$

式中，x_{nk}^a、x_{nk} 分别为调整后与调整前的投入量。等式右边第一个方括号中的运算是将所有决策单元调至相同的环境，即所有样本中最差的状态；第二个方括号中的运算是将所有决策单元调至相同的自然状态，即样本中最不幸的状态。

第二节　变量选取与数据说明

一、变量选取

（一）被解释变量

本章的被解释变量为第一阶段中两个投入变量的冗余变量。

（二）环境因素变量

由于地区经济发展存在差异，像中国这样省（区、市）众多的国家有很多影响各省（区、市）金融创新效率的因素。这些影响因素包括一般的经济增长回归模型所涵盖的指标，如地区经济发展水平等。为了考察金融创新与各省（区、市）开放状态之间的关系，加入了对外开放因素。省（区、市）层面的金融对外开放多以外商直接投资方式展开，其中包括了商品层面的贸易开放，然而贸易开放状态也是依附于金融业的中介服务的，如金融中介提供的国际结算等业务。鉴于现阶段在取得省(区、市)层面的金融对内开放程度数据方面的难度,本书借鉴樊纲等(2011)对国内市场化程度的概括,在以下分析中利用私营企业的发展间接考察各省(区、市)的对内开放状态。另外,在省(区、市)的面板数据回归分析中,本书加入了制度因素,如政府贷款干预等。本书拟从以下七个方面来衡量环境因素变量:

1.经济基础

根据 Greenwood 等(1990)、King 等(1993)的金融发展与经济增长的内生决定的理论模型,金融发展对经济增长具有积极的影响。从反方向来看,经济增长又为金融创新提供了必要的物质和非物质的支撑条件,这些支撑条件越完善,越有利于创新的发生。本书用各地区的 GDP 总额来表征地区经济发展水平。

2.政府干预

金融创新的研究经常将政府的监管和税收考虑在内,本书更加重视地方政府通过何种方式干预金融创新。有观点认为中央与地方的财政分权有助于增强省(区、市)之间的竞争,这往往导致对区域金融创新的追求。但也有可能因干预过多而使金融业丧失创新的主体地位,不利于创新。为了衡量政府对银行信贷干预的影响,本书在计量模型中加入了政府财政支出与银行贷款的交叉项。

3.对外开放水平

本书从对外贸易与外商直接投资两个方面衡量一个地区的开放程度。对外贸易与外商直接投资在运营过程中也会产生对资金的需求,在一定程度上反映了该地区融资方式的突破与创新。另外,两种活动也需要金融业对票据处理和在流程上的创新。本书用各地区对外贸易和外商直接投资表征金融业创新活动的对外开放影响因素,从而反映开放程度是否有利于区域内金融机构的创新活动的充分发挥。

4.对内开放水平

借鉴樊纲等(2011)以私营企业贷款衡量市场的开放性这一做法,本书以私营企业发展来考察对内开放的水平。在以银行为主体的经济体中,金融创新应更多地被解读为银行贷款的市场化或非行政化,私营企业的发展能够体现出区域金融业活动的灵活性。本书使用私营企业就业人数占全国就业总人数的比例作为代理变量来估计中国私营企业发展的程度。

5.服务业发展

现代服务业的发展标志着区域内产业结构的升级和调整,构成了金融业创新活动的软环境。为避免变量之间的内生性问题,本书的服务业变量已将金融服务业增加值去除。

6.区域虚拟变量

用各省(区、市)的区域金融市场的虚拟变量可以观察金融市场设置对金融创新的影响。由于北京作为首都和直辖市得到更多的政策优惠,天津是第一个区域金融改革试验区,河南有郑州商品期货交易市场,辽宁有大连商品期货交易市场,广东和上海具有深沪股票交易市场,所以将这些地区一并归为具有区域金融市场的省(市)。西藏、香港、澳门和台湾地区由于数据缺失没有包括在此次研究中。

7.时间虚拟变量

2005年,中国经历了深刻的金融变革,如人民币汇率和利率形成机制的调整。这些变革已经成为影响经济运行的重要因素,因此本书以2005年为界设置时间虚拟变量以考察这一些变革对金融创新的环境影响。

二、变量的统计描述

对环境变量的统计描述如表5.1所示,其中环境变量的数据来源如表5.2所示。

表5.1 环境变量统计描述(2001—2011年)

变量	均值	方差	最小值	最大值	样本容量
经济基础(lng)	8.620	1.028	5.698	10.882	330
政府贷款干预(ln loan · gov)	15.492	1.822	10.645	20.074	330
对外贸易(tradegdp)	0.917	2.076	0.037	15.481	330
外商直接投资(fdigdp)	0.2712	0.4773	0.0001	7.8192	330
私营企业发展(NSOE)	0.033	0.031	0.003	0.162	330
服务业发展(ln service)	7.608	0.997	4.745	9.960	330
区域虚拟变量(Dummy_center)	0.200	0.400	0.000	1.000	330

表 5.2　环境影响因素定义与数据来源

影响因素	定义	数据来源
经济基础	GDP 增长率(地方经济基础)	《中国统计年鉴》
政府干预	财政支出与银行贷款数量的交叉项(政府贷款干预)	《中国统计年鉴》
对外开放水平	对外贸易与 GDP 之比(对外贸易)外商直接投资与 GDP 之比(外商直接投资)	中华人民共和国商务部(根据平均汇率把以美元计价转换为以人民币计价)
对内开放水平	私营企业就业人数与全国就业总人数之比(私营企业发展)	《中国统计年鉴》
服务业发展	第三产业总产值,已减去金融业产值(服务业发展)	《中国统计年鉴》
区域虚拟变量	北京、天津、河南、辽宁、上海、广东(区域金融市场)	

第三节　环境影响与差异分析

一、环境影响分析

(一)模型设定

以第一阶段分析所获得的投入冗余为被解释变量,以环境因素为解释变量,建立如下形式的两个 SFA 回归模型:

$$s_{ni} = \beta_{i0}^n + \beta_{i1}^n \ln g + \beta_{i2}^n \ln \text{loan} \cdot \text{gov} + \beta_{i3}^n \text{openness} + \beta_{i4}^n \text{Dummy\_center}$$
$$+ \beta_{i5}^n \text{Dummy\_year} + \beta_{i6}^n \text{NSOE} + \beta_{i7}^n \ln \text{service} + v_{nk} + u_{nk}$$
$$(n = 1, 2; i = 1, 2, \cdots, I; k = 1, 2, \cdots, K) \tag{5.4}$$

式中,s_{1i}、s_{2i} 分别为资本投入冗余变量和人力投入冗余变量,利用 Stata 11.0 软件完成对上述模型的估计。

(二)估计结果

估计结果如表 5.3 至表 5.7 所示,在三个模型中资本与人力投入的冗余变量 SFA 模型的 σ^2、γ 值均通过了显著性检验,表明区域金融创新效率研究中环境因素的影响是非常重要的。σ^2 的估计值显著不为 0,说明管理无效率和统计噪声对差额的联合影响不能被忽视。当回归系数为负时，表示增加环境变量导致资本和人力投入冗余量减少，有利于缩短投入项到最优水平的距离；反之，则投入项到最优水平的距离越远。

1. 金融中介模型具体效应分析

从表 5.3 看出，在金融中介模型中因变量为资本投入冗余量时，模型对应的变差率 γ 的估计值为 0.3028，说明资本投入的变异中，管理无效率因素占 30.28%；因变量为人力投入冗余量时，模型对应的变差率 γ 的估计值为 0.1281，说明人力投入变量的变异中，管理无效率因素占 12.81%。考虑到上述六个区域金融市场成立时间比较早，且 2005 年中国经历了深刻的金融变革，如人民币汇率和利率形成机制的调整等，这些变革已经成为影响经济运行的重要因素。因此为考察这一变革对金融创新环境的影响，本书将研究样本时间缩短至 2001—2009 年，并重新设立时间虚拟变量，结果如表 5.4 所示，发现变差率值和管理无效率因素所占的比例都有所提高。

表 5.3　金融中介模型第二阶段 SFA 的估计结果(2001—2011 年)

变量	资本投入冗余		人力投入冗余	
	系数	z 估计值	系数	z 估计值
经济基础(lng)	−0.0043	−0.14	0.6155**	2.35
政府干预(ln loan · gov)	0.0294**	2.36	−0.2712**	−2.74
对外贸易(tradegdp)	−0.0055**	−2.51	0.0057	0.30
外商直接投资(fdigdp)	−0.0010	−0.10	0.4100***	4.63
区域虚拟变量(Dummy_center)	−0.0168	−0.87	0.1174	0.96
私营企业发展(NSOE)	0.0071	0.69	0.0834	1.02
服务业发展(ln service)	−0.0316	−0.95	0.3013	−1.11
Dummy_year2007	−0.0396***	−3.20	0.0078	−0.07
Dummy_year2008	0.0517***	3.73	0.0460	0.38
Dummy_year2009	−0.0538***	−3.67	0.1977	1.54
Dummy_year2010	0.0690***	4.50	0.1367	1.02
Dummy_year2011	−0.0297**	−2.13	0.0845	0.69

续表

变量	资本投入冗余		人力投入冗余	
	系数	z 估计值	系数	z 估计值
截距项	0.0212	0.12	2.2742	0.17
Mu	0.1235	0.92	0.9132	0.07
$\ln \sigma^2$	-5.5220^{***}	-50.51	-1.3941^{***}	-16.26
lg tgamma	-0.8338^{**}	-2.49	-1.9171^{***}	-3.85
σ^2	0.0039		0.2480	
γ	0.3028		0.1281	
log likelihood	476.1200		-230.0100	
样本容量	330		330	

注:***代表 $p<0.001$,**代表 $p<0.010$,*代表 $p<0.050$。其中,$\sigma^2 = \sigma_u^2 + \sigma_v^2$。以下表 5.4 至表 5.7 同。

表 5.4 金融中介模型第二阶段 SFA 的估计结果(2001—2009 年)

变量	资本投入冗余		人力投入冗余	
	系数	z 估计值	系数	z 估计值
经济基础(lng)	-0.0266	-1.21	0.6002^{***}	4.12
政府干预(ln loan·gov)	0.0375^{*}	2.52	-0.4663^{***}	-4.68
对外贸易(tradegdp)	0.00003	1.41	-0.00013	-1.13
外商直接投资(fdigdp)	-0.018^{*}	-2.25	0.3296^{***}	5.46
区域虚拟变量(Dummy_center)	-0.0789^{**}	-3.16	0.2814	1.66
私营企业发展(NSOE)	-0.5911	-1.94	1.7600	0.80
服务业发展(ln service)	0.0326	1.84	-0.0228	-0.19
Dummy_year2005	-0.0085	-0.75	-0.3329^{***}	-3.89
Dummy_year2006	0.0013	0.10	-0.3421^{***}	-3.50
Dummy_year2007	0.0247	1.37	-0.3439^{***}	-3.04
Dummy_year2008	0.0147	0.65	-0.3275^{*}	-2.51
截距项	-0.4142^{*}	-2.91	3.0340^{*}	2.46
Mu	0.1698^{***}	6.43	0.5283^{***}	3.55
Eta	-0.0654^{*}	-2.74	0.1160^{***}	4.61

续表

变量	资本投入冗余		人力投入冗余	
	系数	z 估计值	系数	z 估计值
$\ln \sigma^2$	−5.2568***	−20.94	−1.9657***	−16.66
lg tgamma	0.7944*	2.03	−1.2435*	−2.61
σ^2	0.00521		0.14005	
γ	0.6887		0.2238	
log likelihood	391.8938		−104.5733	
样本容量	240		240	

（1）经济基础。在人力投入冗余项中，地方经济基础变量显著为正，一定程度上反映了经济发展水平提高，引起金融业的人力投入增加，但管理效率没有提高导致人员投入冗余。

（2）政府干预。模型中两个投入要素冗余量均显著。在资本投入冗余量中，政府干预变量为正，表明政府干预越多的地区，其金融业资本投入的使用越低效，也意味着政府对银行贷款的干预不利于金融业资本配置效率的改善。然而在人力投入冗余项中，政府干预变量为负，表明政府干预程度越高，越不会出现人力投入冗余，这一定程度上是由于政府对银行贷款的干预能够提高金融业从业人员业绩，提高人力投入效率。

（3）对外开放水平。对外贸易变量在资本投入模型当中通过显著性检验。表5.3和表5.4模型的方向不一致，该变量没有通过检验可能是由于贸易结构的变化才是真正影响金融业投入要素的真实变量，这也是进一步研究的方向。在资本投入冗余量上经济基础变量为负，表明外商直接投资的提高可以降低金融业资本投入的低效使用，这与许多研究观察到的结果一致，即外商直接投资通过引进新技术和管理经验有助于提高资本的使用效率；在人力投入冗余项中为正，表明外商直接投资越高，越容易出现人力投入冗余。

（4）对内开放水平。对内开放水平的代理变量私营企业发展没有通过检验，说明我国对内开放程度不高，对金融业的创新影响较小，或者说我国区域层面的金融创新仍以政府为主导。私营企业发展对人力投入冗余量虽未通过检验，但在资本投入冗余量上存在负的趋势，表明私有企业从业人员越多,越容易出现金融业资本投入的低消耗。

（5）区域虚拟变量。在重新调整了时间影响因素后,区域金融市场的区域虚拟变量对资本投入要素冗余量的显著性增强。在资本投入冗余量中,区域虚拟变量系数为负,表明区域金融中心可以提高金融业资本投入的使用效率。在某种意义上说明我国区域金融市场的建立对于区域金融创新水平的提高具有时效性,这可解释为我国的区域金融创新是以政府为主导推动的。

（6）时间虚拟变量。时间虚拟变量在资本投入冗余模型中较显著,说明2005 年的金融改革措施对随后几年的金融业资本投入产生影响,且这种金融政策上的调整会使资本投入向最优水平靠近。

2.金融市场模型具体效应分析

从表5.5看出,因变量为资本投入冗余量时,模型对应的变差率 γ 的估计值为 0.2720,说明资本投入的变异中,管理无效率因素占 27.20%;因变量为人力投入冗余量时,模型对应的变差率 γ 的估计值为 0.3033,说明人力投入变量的变异中,管理无效率因素占 30.33%。同前面的处理方式,将研究样本时间缩短至 2006—2009 年,并去除时间虚拟变量,结果如表 5.6所示。

表 5.5　金融市场模型第二阶段 SFA 估计结果（2006—2009 年）

变量	资本投入冗余		人力投入冗余	
	系数	z 估计值	系数	z 估计值
经济基础(lng)	−0.0162	−0.87	0.6052	1.28
政府干预(ln loan·gov)	−0.0040	−0.75	0.3042**	2.22
外商直接投资(fdigdp)	0.0087	0.75	0.8085**	2.78
私营企业发展(NSOE)	0.0032	0.48	0.6937***	−3.96
服务业发展(ln service)	0.0113	0.60	0.3726	−0.78
区域虚拟变量（Dummy_center）	−0.0056	−0.65	0.0440	0.20
Dummy_year2008	−0.0035	−0.65	0.3795**	−2.79
截距项	0.1908**	2.17	7.6503	−0.34

续表

变量	资本投入冗余		人力投入冗余	
	系数	z 估计值	系数	z 估计值
Mu	0.0402	1.09	2.1647	0.10
$\ln \sigma^2$	-7.3266^{***}	56.57	0.8720^{***}	-6.77
lg tgamma	-0.9841^{**}	-2.21	0.8313^{**}	-2.06
σ^2	0.0006		0.4180	
γ	0.2720		0.3033	
log likelihood	415.0400		-163.6500	
样本容量	180		180	

（1）经济基础。在人力投入冗余项中，地方经济基础变量为正，一定程度上反映了经济发展水平提高，引起金融业的人力投入增加，但管理效率没有提高导致人员投入冗余。

（2）政府干预。该变量在表5.5和表5.6模型中的两种投入冗余中只有正的影响系数通过了显著性检验。在人力投入冗余项中，政府干预变量为正，表明政府干预程度越高，越易出现人力投入冗余，这一定程度上是由于政府对银行贷款的干预能够提高金融业从业人员业绩，提高人力投入效率。

（3）对外开放水平。对外贸易变量没有通过显著性检验。外商直接投资变量在两个模型的两种投入冗余中结果并不是特别理想，在人力投入冗余变量中显著为负。

（4）对内开放水平。以私营企业发展作为对内开放的代理变量，它对人力投入冗余量通过显著性检验，表明私有企业从业人员越多，越容易出现金融业人力投入的低消耗。

（5）区域虚拟变量。在资本投入冗余项中，区域虚拟变量系数为负，结果与金融中介模型相同，但这种作用结果随着时间的变化而变化，即距离政策调整的时间越长，影响结果将逐渐减少至消失。

表 5.6 金融市场模型第二阶段 SFA 估计结果(2006—2009 年)

变量	资本投入冗余		人力投入冗余	
	系数	z 估计值	系数	z 估计值
经济基础(lng)	−0.0291*	−2.66	0.1479	0.43
政府干预(ln loan · gov)	0.0455**	3.01	−0.4544	−0.92
对外贸易(tradegdp)	0.0118	1.30	0.0657	0.22
外商直接投资(fdigdp)	0.0116	0.73	−0.0986	−0.20
区域虚拟变量(Dummy_center)	−0.0247*	−2.56	0.4013	1.31
私营企业发展(NSOE)	−0.2564	−1.78	4.3968	0.96
服务业发展(ln service)	0.0016	−0.33	0.2932*	1.98
截距项	0.0550	0.34	3.6266	0.10
Mu	0.0529	0.34	1.5659	0.00
$\ln \sigma^2$	−7.8392	−47.55***	−0.7073	−5.27***
lg tgamma	−0.3080	−0.71	−1.7794	−2.13*
σ^2	0.0004		0.4929	
γ	0.4235		0.1443	
log likelihood	312.4895		−126.2174	
样本容量	120		120	

3.金融组织模型具体效应分析

从表 5.7 看出,当因变量为资本投入冗余量时,模型对应的变差率 γ 的估计值为 0.4737,说明资本投入的变异中,管理无效率因素占 47.37%;因变量为人力投入冗余量时,模型对应的变差率 γ 的估计值为 0.0320,说明人力投入变量的变异中,管理无效率因素占 3.20%。在金融组织模型中只有对外贸易变量通过了显著性检验,一定程度上说明了贸易量的提高有助于金融业资本投入要素的优化。该模型中通过显著性检验的变量较少,这可能是由于金融组织正处于调整阶段。因此,寻找影响金融组织创新投入的真实变量是进一步研究的方向。

表 5.7　金融组织模型第二阶段 SFA 估计结果(2006—2009 年)

变量	资本投入冗余		人力投入冗余	
	系数	z 估计值	系数	z 估计值
经济基础(lng)	−0.0655	−1.30	0.1897	0.68
政府干预(ln loan·gov)	0.0009	0.07	0.0329	0.33
对外贸易(tradegdp)	−0.0060	−2.84**	0.0867***	4.76
外商直接投资(fdigdp)	0.0279	0.85	0.1554	0.74
私营企业发展(NSOE)	−0.0106	−0.58	0.0073	0.07
服务业发展(ln service)	0.0778	1.65	−0.3006	−1.03
Dummy_year2009	0.0190	1.40	0.0205	0.18
Dummy_year2010	0.0114	0.74	−0.2174	−1.58
Dummy_year2011	−0.0020	−0.15	0.2167	1.77
截距项	0.1369	0.18	0.5781	0.04
Mu	0.1896	0.26	0.4778	0.03
ln σ^2	−5.5607	−35.35***	−1.6415***	−15.53
lg tgamma	−0.1049	−0.30	−3.4084	−1.91
σ^2	0.0038		0.1936	
γ	0.4737		0.0320	
log likelihood	274.9800		−107.4500	
样本容量	180		180	

二、调整后的效率估计

利用上述的估计结果和公式(5.3)的方式调整投入,调整后的金融创新效率评价如表 5.8 所示。在金融中介模型中,调整后的全国技术效率均值为0.330,纯技术效率均值为0.743,规模效率均值为0.441。与调整前相比,除纯技术效率外,技术效率和规模效率显著降低,整体效率下降的主要原因是去除了外部环境因素的影响。

在金融市场模型中,调整后的全国技术效率均值为0.223,纯技术效率均值为0.515,规模效率均值为0.416。与金融中介模型相比,整体效率水平较低,这也反映了我国在金融市场方面的建设尚不完善①。

同时,还有如下发现:

第一,效率最高的是北京和上海。这很大程度上是因为上海处于国际金融中心的地位,具有得天独厚的环境条件、技术应用基础以及管理组织方式;而北京在金融技术应用与管理组织方面具有先天优势。在金融中介和金融市场两个模型中,北京、天津、上海、广东也有若干年处于前沿面上,这四个省(市)均位于我国东部经济发达地区。青海和宁夏虽然有若干年处于纯技术效率的前沿面上,但其技术效率和规模效率接近全国最低水平。

第二,从变化趋势上来看,多数省(区、市)的金融创新效率均呈现上升趋势,东部沿海省(区、市)的金融创新效率也基本保持上升趋势,而山西的金融创新效率在样本期间内一直在下降。此外,处于前沿面的省(区、市)数量在逐渐增加。

表 5.8　调整后的金融创新效率评价

模型	效率	2011年	2010年	2009年	2008年	2007年	2006年	2005年	2004年	2003年	2002年	2001年	调整后均值	调整前均值
金融中介模型	技术效率	0.437	0.425	0.368	0.352	0.345	0.311	0.282	0.302	0.299	0.276	0.239	0.331	0.377
	纯技术效率	0.767	0.758	0.747	0.746	0.756	0.742	0.726	0.755	0.737	0.728	0.718	0.744	0.523
	规模效率	0.565	0.555	0.492	0.459	0.446	0.418	0.391	0.404	0.406	0.383	0.337	0.441	0.718
金融市场模型	技术效率	0.335	0.299	0.205	0.181	0.179	0.141						0.223	0.198
	纯技术效率	0.490	0.506	0.533	0.528	0.500	0.533						0.515	0.318
	规模效率	0.669	0.580	0.374	0.325	0.307	0.242						0.416	0.589
金融组织模型	技术效率	0.285	0.250	0.305	0.206	0.136	0.259						0.240	0.223
	纯技术效率	0.571	0.585	0.611	0.622	0.639	0.670						0.616	0.347
	规模效率	0.499	0.435	0.504	0.332	0.198	0.376						0.391	0.656

---

①　具体数值可向笔者索取。

第四节　调整前后的效率的区域差异

根据上文的调整结果，下文将调整前与调整后的效率区域差异进行对比。为了进一步描述金融创新效率的区际演进模式，采用第四章的分组方法，将效率测算得到的省（区、市）数据分为沿海—内陆和八大经济区两组。

一、沿海与内陆的差异

从沿海和内陆的分组来看，至少可以观察到以下两点规律：

第一，无论是在金融中介模型中，还是在金融市场模型与金融组织模型中，沿海的技术效率、纯技术效率与规模效率均值均高于内陆的效率均值。

第二，相对于调整前沿海与内陆的技术效率水平差距（见图 5.1），调整后的技术效率水平差距有加大的趋势（见图 5.2）[①]。调整前存在政府干预等外部因素，导致沿海与内陆之间的技术效率差异并不明显，而调整后将外部因素剥离，技术效率的区域差距便凸现出来。

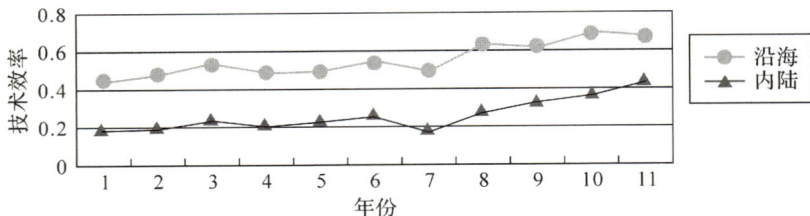

1—2001 年；2—2002 年；3—2003 年；4—2004 年；5—2005 年；6—2006 年；
7—2007 年；8—2008 年；9—2009 年；10—2010 年；11—2011 年。

图 5.1　调整前沿海与内陆技术效率差异（金融中介模型）

---

①　由于篇幅有限，金融市场模型和金融组织模型以及纯技术效率和规模效率在此省略。

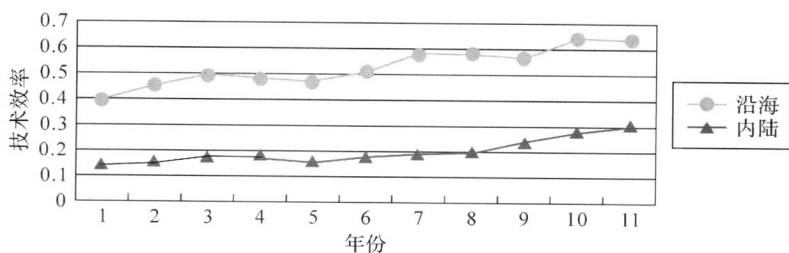

1—2001 年；2—2002 年；3—2003 年；4—2004 年；5—2005 年；6—2006 年；

7—2007 年；8—2008 年；9—2009 年；10—2010 年；11—2011 年。

图 5.2　调整后沿海与内陆技术效率差异（金融中介模型）

二、八大经济区的差异

与图 4.8 和图 4.9 进行对比，经过对环境影响因素的调整，八大经济区的金融创新效率差异有如下表现（见图 5.3 和图 5.4）：

调整后的金融中介模型中，长三角的区域金融创新效率的领先性更加明显，环渤海区域与珠三角区域之间的差距更趋于平稳，区域之间的差异性更具有稳定性。从时间趋势来看，在调整后的金融中介模型中，我国八大经济区内的金融创新效率总体上仍旧呈上升趋势，但是相对来说波动减少。除2005 年个别地区有短暂下降之外，其余地区和其余时间都是平稳上升状态。

调整后的金融市场模型中环渤海区域的金融创新效率仍旧是最大的，各区域之间的差异也相对较明显。与调整前相比，各区域的效率值随时间的波动减少，曲线相对比较平滑，这是由于经过 SFA 模型中对环境影响因素的调整，效率值更能反映区域金融的运行规律。

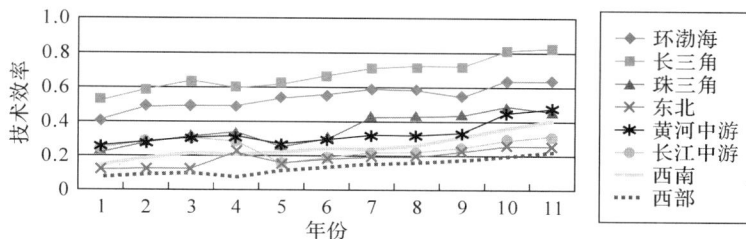

1—2001 年；2—2002 年；3—2003 年；4—2004 年；5—2005 年；6—2006 年；

7—2007 年；8—2008 年；9—2009 年；10—2010 年；11—2011 年。

图 5.3　调整后八大经济区技术效率差异（金融中介模型）

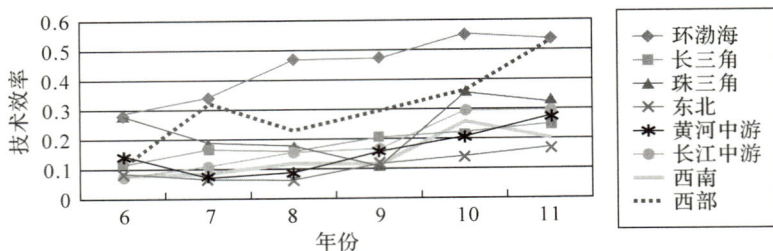

6—2006年；7—2007年；8—2008年；9—2009年；10—2010年；11—2011年。

图 5.4　调整后八大经济区技术效率差异（金融市场模型）

第五节　小　结

　　本章以我国省（区、市）面板数据为研究对象，采用三阶段 DEA 方法，调整了区域金融创新的效率水平，并衡量了主要环境因素如政府干预、经济基础、私营企业发展、区域金融市场等方面对金融业的资本和人力投入冗余造成的影响，同时发现沿海与内陆区域及八大经济区域的效率值有较大的差距。

　　经过分析得到以下结论：经济基础、政府干预、区域金融市场和对外开放水平等外部环境对金融业创新效率产生影响。经济基础易导致金融行业的人力冗余，政府对银行贷款的干预会导致资本投入的低效，区域金融市场的建立可以提高资本投入的效率，对外开放水平的提高可以降低金融业资本投入的低效使用。

　　因此，应创造良好的外部环境以促进区域金融创新效率的提高。在区域经济发展过程中，金融创新不应以金融业投入要素的消耗和浪费为代价。区域金融创新应该是各种资源的整合及合理利用，区域金融政策的制定应注意金融创新效率和水平的提高，不能盲目照搬，以免造成资本和人力投入的低效利用。

第六章 中国区域金融创新的空间外部效应:金融竞争与金融集聚

第一节 问题的提出

基于我国经济发展呈现的多层次、多梯度区域性特征,金融创新在全国范围内的区域性特征开始凸显,一个重要的表现是在宏观经济政策引导下的区域金融创新举措不断涌现。为提高中国各省(区、市)的经济地位及实现发展目标,缩小区域间金融发展的差距,金融创新成为各省(区、市)解决区域金融差异的主要手段。各省(区、市)的金融创新实际上是对金融资源进行配置与调整,然而在金融资源有限的条件下,区域间的竞争不可避免。

Schumpeter(1934)最早对创新与竞争之间的关系进行了研究。他指出,产品的市场竞争会因降低垄断租金而促进创新。Aghion 等(2001)则认为,企业为逃避竞争而不断进行创新。为了支持这一假说,部分学者进一步研究了竞争与创新之间的倒 U 形关系。为了将理论和实践相融合,Aghion 等(2005)提出了能够解释竞争与创新之间关系的理论模型,即以逃避竞争为目的的创新在短期内占主导,直到竞争达到一定水平时,租金效应的消失带来创新的衰减。对区域金融竞争的研究通常以地方政府的财政竞争为切入点。Tiebout(1956)通过构建寻租模型探讨了地方政府的财政竞争。此后对地方政府的财政竞争的实证研究在原有的理论模型基础上进一步发展,部分学者认为地区之间的金融策略性竞争行为具有显著的阶段性特征,在很大程度上受地方财政资源充裕程度的影响,地方政府间的财政竞争具有普适性。从经验研究的方法来看，对区域经济增长中以竞争关系为对象的研究通常将这种竞争关系表示为，一个地区某些宏观经济指标比重的提高，会导致另一个地区或其他一些地区相应比重的降低。

综合学界的研究，有关金融创新的研究常忽视对竞争与地理集聚的分析。因此，本书试图从竞争与集聚的视角出发，在数量化金融创新的基础上分析区域金融创新的空间外部效应及其区域特征。

本章的研究意义在于：(1)将创新与竞争之间的关系研究从制造业向金融业延伸，通过集中对一个部门进行研究，能够避免将竞争与创新的关系作用于所有部门的偏假设；(2)本书考察区域金融创新与金融业在地理集聚之间的关系，以便能够更好地解释区域金融创新在空间上的外部效应。

第二节　区域金融创新空间外部效应的两个命题

在讨论区域金融创新的空间外部效应时，竞争与集聚是不可回避的问题。对金融竞争的研究是对区域金融创新在动机上的扩展，同时，本书试图进一步探讨金融地理集聚带来的是竞争、合作还是创新，对这一问题的研究能够为更加全面地分析区域金融创新提供理论和经验上的帮助。空间外部效应是指某一地区社会经济总量的变化在空间上对其他地区的影响。这种空间效应的影响意味着某一地区的份额变化不仅受到本地区其他经济变量的影响，还会受到其他地区经济变量的影响(沈体雁等，2010)。

一、金融创新与金融竞争

中国经济上的分税制改革使得地方政府为 GDP 而展开竞争。为了在区域竞争中获取稀缺的金融资源，刬除政治寻租的可能性，地方政府必然会加大投资力度以促进当地经济的快速增长。其有利的一面是通过金融组织创新和突破原有的金融业务局限，各地方出现了激烈的"金融竞赛"局面(周立等，2002)。这种区域间的"金融竞赛"以及由此衍生的金融创新行为具备了在制度上进行突破的可能性。

这种竞争关系体现在经济生活中就是一个地区的金融创新水平提高，会导致另一个地区或其他一些地区相应水平下降。从短期来看，一方面，区域金融竞争致使我国金融机构数量扩张，同时制造了我国金融创新的多样性产出；另一方面，区域金融创新在空间上的外部效应会刺激一个地区与其他地区的进一步竞争。因此为了揭示区域金融创新与金融竞争之间的催生关系，提出第一个命题：

命题一：宏观层面上，地方政府为获取金融资源而展开竞争，使得区域金融创新具有空间挤出效应。

二、金融创新与金融集聚

上述宏观竞争的结果以及经济发展的地域差异必然导致微观层面上的金融主体的地域流动，这些金融主体会向具有优势和辐射能力强的地区集聚，从而形成金融业在地理上的集聚。金融集聚会通过不同的路径对区域金融创新产生作用。

首先，Aghion 效应使得金融集聚对创新具有积极作用，也就是按照"金融集聚—竞争加剧—金融创新"的逻辑演进。金融创新者通过投入大量的人力进行创新。由于掌握一定的知识与累积经验以便对金融工具进行合理有效的定价和对区域金融市场的制度进行安排需要一定的"学习成本"，所以金融工具创新和金融制度创新要比传统制造业等领域的创新困难得多。然而金融业的地理集聚解决了上述金融创新的瓶颈问题。当某地区集聚了越来越多的金融机构时，在金融业集聚区就会集聚大量专业化的人才和劳动者，这样就更易形成专业化的中间品投入，也更易产生知识外溢等额外收益，这就为后来者利用集聚区的额外收益实现模仿性创新提供了便利。受到竞争程度的影响，后来者的研究密度增加，金融创新越来越频繁，出现更多的竞争，Aghion 效应显现。

其次，Schumpeter 效应使得金融集聚对创新产生负面作用，即"金融集聚—竞争加剧—模仿增多—创新租金降低—创新下降"。从长期来看，这种地理上的集聚带来的 Aghion 效应会下降，取而代之的是竞争带来的负面结果。如果一项交易能够给创新者带来利润，那么极易引来后来者的模仿，造成金融市场竞争激烈，越来越多的竞争使创新者创新工具的初始利润迅速下降，减少了后来者通过金融创新得到的额外收益，使利润不足以弥补研发新工具带来的损失。随着竞争加剧，后来者的研发密度降低，最终造成创新水平下降。而且出现竞争造成规模扩大以及恶性竞争带来资源浪费等负面结果，即竞争的负面效应开始发生作用。因此提出第二个命题：

命题二：微观层面上，金融集聚与金融创新具有非线性关系。

第三节　区域金融资源竞争分析①

由于金融资源具有有限性，因此区域之间的金融资源竞争不可避免。一个地区的金融资源不仅体现在区域内的资本容量上，还体现在金融组织、人才、信息等上。区域金融竞争是区域内和区域外的金融组织对金融资源的竞争。在一个空间内生存着各种金融组织，就像一个生态系统中存活着各类细菌一样。"共生"作为一个生态学上的概念，是由德国真菌学家德贝里在1879年首次提出的。根据种内竞争理论，两个种群生物之间的相互作用常常表现为四种模式：捕食者与被捕食者（食饵）、寄生物与寄主、相互竞争、互惠共存。现用共生理论解释区域内金融资源的竞争，两个种群相互作用的简单数学模型如下：

$$\frac{\mathrm{d}x}{\mathrm{d}t} = x(a_{10} + a_{11}x + a_{12}y), \frac{\mathrm{d}y}{\mathrm{d}t} = y(a_{20} + a_{21}x + a_{22}y) \qquad (6.1)$$

式中，x、y 代表资源的密度，即资源的空间分布；a_{10}、a_{20} 分别代表在无约束条件下 x、y 的增长率；a_{11}、a_{22} 分别代表非线性约束下 x、y 的增长率；a_{12} 代表 x 生长对 y 的影响系数，a_{21} 代表 y 生长对 x 的影响系数。两个种群相互作用的三种形式可由方程中的系数 $a_{ij}(i=0,1,2;j=0,1,2)$ 体现出来。

一般假定 $a_{11} \leqslant 0$，$a_{22} \leqslant 0$。若 $a_{11} < 0(a_{22} < 0)$，说明 $x(y)$ 种群是密度制约的；若 $a_{11} = 0(a_{22} = 0)$，则说明 $x(y)$ 种群是非密度制约的。在金融环境中

---

① 这部分作为笔者博士论文的前期成果在笔者的专著《区域金融创新研究——开放、合作与竞争的视角》中有所体现。

考虑为密度制约,舍弃 $a_{11}=0,a_{22}=0$ 的结果。若把 x 和 y 两个种群表示成一个系统,则 $a_{10}>0$ 表示 x 种群可以依靠此系统以外的食物为生;若 $a_{10}<0$,则表示 x 种群不能完全依靠此系统以外的食物为生,也就是说,x 种群必以 y 种群为食才能得以生存。

如图 6.1 至图 6.3 所示,当 $\dot{x}=0$,即 $a_{10}+a_{11}x+a_{12}y=0$ 时,在 TT 线上:$y=-\dfrac{a_{10}}{a_{12}}-\dfrac{a_{11}}{a_{12}}x$;当 $\dot{y}=0$,即 $a_{20}+a_{21}x+a_{22}y=0$ 时,在 GG 线上:$y=-\dfrac{a_{20}}{a_{22}}-\dfrac{a_{21}}{a_{22}}x$。

1. $a_{12}<0,a_{21}<0$,互相竞争

如图 6.1 所示,当 $\dot{x}>0,y<-\dfrac{a_{10}}{a_{12}}-\dfrac{a_{11}}{a_{12}}x$ 时,y 在 TT 线下方,斜率小于零;当 $\dot{x}<0,y>-\dfrac{a_{10}}{a_{12}}-\dfrac{a_{11}}{a_{12}}x$ 时,y 在 TT 线上方。

当 $\dot{y}>0,y>-\dfrac{a_{20}}{a_{22}}-\dfrac{a_{21}}{a_{22}}x$,$y$ 在 GG 线上方,斜率小于零;当 $\dot{y}<0,y<-\dfrac{a_{20}}{a_{22}}-\dfrac{a_{21}}{a_{22}}x$,$y$ 在 GG 线下方。

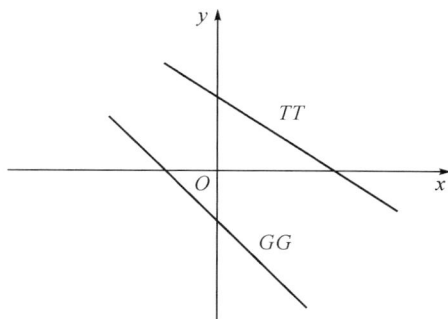

图 6.1　互相竞争

2. $a_{12}>0,a_{21}>0$,互惠共存

如图 6.2 所示,当 $\dot{x}>0,y>-\dfrac{a_{10}}{a_{12}}-\dfrac{a_{11}}{a_{12}}x$ 时,y 在 TT 线上方,斜率大于零;当 $\dot{x}<0,y<-\dfrac{a_{10}}{a_{12}}-\dfrac{a_{11}}{a_{12}}x$ 时,y 在 TT 线下方。

当 $\dot{y}>0$，$y<-\dfrac{a_{20}}{a_{22}}-\dfrac{a_{21}}{a_{22}}x$ 时，y 在 GG 线上方，斜率大于零；当 $\dot{y}<0$，$y>$

$-\dfrac{a_{20}}{a_{22}}-\dfrac{a_{21}}{a_{22}}x$ 时，y 在 GG 线下方。

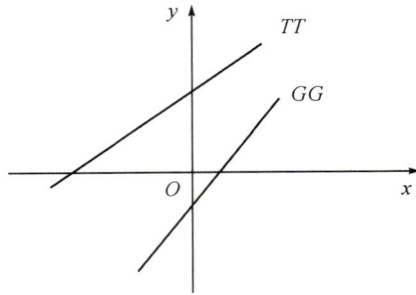

图 6.2　互惠共存

3. $a_{12}<0$，$a_{21}>0$，寄生物与寄主关系

如图 6.3 所示，当 $\dot{x}>0$，$y<-\dfrac{a_{10}}{a_{12}}-\dfrac{a_{11}}{a_{12}}x$ 时，y 在 TT 线下方，斜率小于

零；当 $\dot{x}<0$，$y>-\dfrac{a_{10}}{a_{12}}-\dfrac{a_{11}}{a_{12}}x$ 时，y 在 TT 线上方。

当 $\dot{y}>0$，$y<-\dfrac{a_{20}}{a_{22}}-\dfrac{a_{21}}{a_{22}}x$ 时，y 在 GG 线下方，斜率大于零；当 $\dot{y}<0$，

$y>-\dfrac{a_{20}}{a_{22}}-\dfrac{a_{21}}{a_{22}}x$ 时，y 在 GG 线上方。

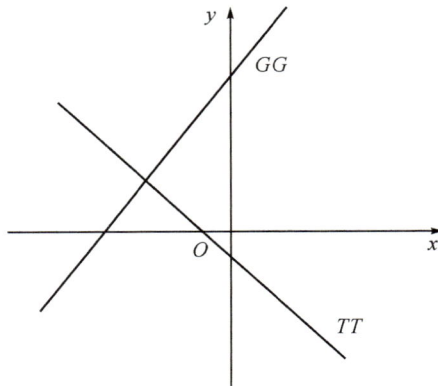

图 6.3　寄生物与寄主关系

两个地区的金融密度存在两个缺口，而且两者变化速度不相同。金融资源的增长不改变这两个地区的金融密度，它们可以达到均衡。这是很有意义的一个结果，这种共存使得金融体系更为有效，如图 6.3 所示，在坐标平面中存在着各个稳定状态的解区域，均衡解为：

$$x^* = \frac{a_{12}a_{20} + a_{22}a_{10}}{a_{11}a_{22} - a_{21}a_{12}}, y^* = \frac{a_{12}a_{10} + a_{11}a_{20}}{a_{11}a_{22} - a_{21}a_{12}} \tag{6.2}$$

这说明了在一个受金融中心辐射的地区，可以存活许多以此为生的金融组织。它们之间的关系并不是传统所认为的互惠合作或互相竞争，而是寄生物与寄主之间的关系。要保持均衡的生存状态就要维持两个地区的种群密集度的缺口，也就是金融资源密集度的缺口。

第四节　实证检验

一、探索性空间数据分析

本部分主要考察金融创新的空间分布状态，估计全局和局域 Moran I 指数，检验金融创新在空间层面的相关性。空间数据分析起源于 20 世纪 60 年代的地理计量革命，当时被用来探寻隐藏在数据背后的重要信息或规律。空间计量经济学理论认为，一个地区空间单元上的某种经济地理现象或某一属性值与邻近地区空间单元上的同一现象或属性值是相关的。几乎所有的空间数据都具有空间依赖性特征，也就是说，各区域之间的数据存在与时间序列相关、与相对应的空间相关的特点。

1. 基于 Moran I 指数的全局空间自相关检验

探索性空间数据分析方法可用于检验金融创新变量的空间分布。实际应用研究中常常使用两类工具：第一类体现整体分布特征的全局空间相关性，如空间自相关指数 Moran I 指数；第二类体现局部子系统的分布特征，即局部空间相关性，如用 Moran I 散点图和 LISA 来测度。Moran I 的计算公式如下：

$$\text{Moran I} = \frac{\sum\limits_{i=1}^{n}\sum\limits_{j=1}^{n} \boldsymbol{W}_{ij}(Y_i - \bar{Y})(Y_j - \bar{Y})}{S^2 \sum\limits_{i=1}^{n}\sum\limits_{j=1}^{n} \boldsymbol{W}_{ij}} \tag{6.3}$$

式中,$S^2 = \frac{1}{n}\sum\limits_{i=1}^{n}(Y_i - \bar{Y})$,$\bar{Y} = \frac{1}{n}\sum\limits_{i=1}^{n}Y_i$。$Y_i$ 表示地区 i 的观测值(本书为金融集聚度 c);n 为地区总数(本书为 30);$\boldsymbol{W}_{ij}$ 为二进制的邻接空间权值矩阵,表示其中的任一元素均采用邻接标准或距离标准,其目的是定义空间对象的相互邻接关系,便于把地理信息系统数据库中的有关属性放到所研究的地理空间上来对比。一般邻接标准的 $\boldsymbol{W}_{ij}$ 为:

$$\boldsymbol{W}_{ij} = \begin{cases} \boldsymbol{1}, & \text{当区域 } i \text{ 和区域 } j \text{ 相邻;} \\ \boldsymbol{0}, & \text{当区域 } i \text{ 和区域 } j \text{ 不相邻} \end{cases}$$

式中 $i = 1, 2, \cdots, n$;$j = 1, 2, \cdots, m$;$m = n$ 或 $n \neq m$。习惯上,令 $\boldsymbol{W}_{ij}$ 的所有对角线元素 $w_{ii} = 0$。Moran I 的取值在 -1 至 1 之间。如果 Moran I<0,则表示空间负相关,即不同的属性值趋向于集聚在同一个区域;如果 Moran I$=0$,则表示不相关;如果 Moran I>0,则表示空间正相关,即相似的属性值趋向于集聚在同一个区域。

利用 2001—2011 年和 2006—2011 年中国 30 个省(区、市)[①]的金融创新指标计算 Moran I 指数,相关结果如表 6.1 至表 6.3 所示。本部分主要借助 GeoDa 0.9.1 软件完成。

表 6.1 中国 30 个省(区、市)金融中介创新 Moran I 指数

年份	Moran I 指数	经验分布平均值	标准差	z 统计量	p 值
2001	0.064	-0.034	0.030	3.261	0.001
2002	0.067	-0.034	0.031	3.287	0.001
2003	0.096	-0.034	0.031	4.166	0.000
2004	0.089	-0.034	0.031	3.953	0.000
2005	0.083	-0.034	0.031	3.833	0.000

---

① 西藏、香港、澳门和台湾由于数据缺失没有包括在本书的统计中。

续表

年份	Moran I 指数	经验分布平均值	标准差	z 统计量	p 值
2006	0.085	−0.034	0.031	3.831	0.000
2007	0.080	−0.034	0.032	3.618	0.000
2008	0.082	−0.034	0.032	3.685	0.000
2009	0.093	−0.034	0.032	4.046	0.000
2010	0.109	−0.034	0.032	4.504	0.000
2011	0.114	−0.034	0.032	4.681	0.000

表 6.2 中国 30 个省(区、市)金融市场创新 Moran I 指数

年份	Moran I 指数	经验分布平均值	标准差	z 统计量	p 值
2006	−0.029	−0.034	0.027	0.194	0.423
2007	−0.073	−0.034	0.029	−1.329	0.092
2008	−0.008	−0.034	0.026	1.018	0.154
2009	−0.03	−0.034	0.028	0.164	0.435
2010	−0.013	−0.034	0.031	0.691	0.245
2011	0.001	−0.034	0.031	1.129	0.130

表 6.3 中国 30 个省(区、市)金融组织创新效率 Moran I 指数

年份	Moran I 指数	经验分布平均值	标准差	z 统计量	p 值
2006	−0.046	−0.034	0.031	−0.383	0.351
2007	−0.058	−0.034	0.026	−0.912	0.181
2008	−0.026	−0.034	0.029	0.294	0.384
2009	−0.053	−0.034	0.031	−0.596	0.276
2010	−0.061	−0.034	0.029	−0.895	0.185
2011	−0.073	−0.034	0.030	−1.254	0.105

表 6.1 中 Moran I 指数的 p 值均大于正态分布函数在 0.05 显著性水平下的临界值,这表明我国 30 个省(区、市)的金融中介创新在空间上具有明显

的相关关系（即空间依赖性），说明省（区、市）金融中介的发展在空间分布上并非表现出完全随机的状态，而是表现出某些省（区、市）之间的空间正相关。也就是说，金融中介创新水平较高的省（区、市）相互靠近，或者金融中介创新水平较低的省（区、市）相互靠近，形成相对的相邻空间联系结构。表 6.2 和表 6.3 中 Moran I 指数的 p 值均小于正态分布函数在 0.05 显著性水平下的临界值，这表明我国 30 个省（区、市）的金融市场和组织创新在空间上的相关关系并不明显，然而除金融市场模型 2011 年的 Moran I 指数为正值以外，金融市场和金融组织两个模型的 Moran I 指数均为负值，表明金融市场和金融组织存在一定程度上的负相关和相异的属性聚集，即高值与低值相邻，或低值与高值并存。

2. 基于 Moran I 指数的局域空间相关性检验

为进一步分析我国省（区、市）金融创新的空间集聚特征，给出了 2011 年三种产出综合效率的局域 Moran I 散点图（见图 6.4）。图 6.4 展示了空间滞后 W_2011Z 作为纵轴和 2011Z 作为横轴的 Moran I 分布情况。根据散点图，可将各个省（区、市）的金融创新分为 4 个象限的集群模式（见表 6.4），用以识别一个地区与其邻近地区的关系：图的右上方的第 1 象限，表示高金融创新增长的地区被高金融创新增长的其他地区所包围（HH），代表正的空间自相关关系的集群；左上方的第 2 象限，表示低金融创新增长的地区被高金融创新增长的其他地区所包围（LH），代表负的空间自相关关系的集群；左下方的第 3 象限，表示低金融创新增长的地区被低金融创新增长的其他地区所包围（LL），代表正的空间自相关关系的集群；右下方的第 4 象限，表示高金融创新增长的地区被低金融创新增长的其他地区所包围（HL），代表负的空间自相关关系的集群。第 1 象限、第 3 象限正的空间自相关关系揭示了区域的集聚和相似性，而第 2 象限、第 4 象限负的空间自相关关系揭示了区域的异质性。如果观测值均匀地分布在 4 个象限，则表明地区之间不存在空间自相关性。

Moran's I=0.1611

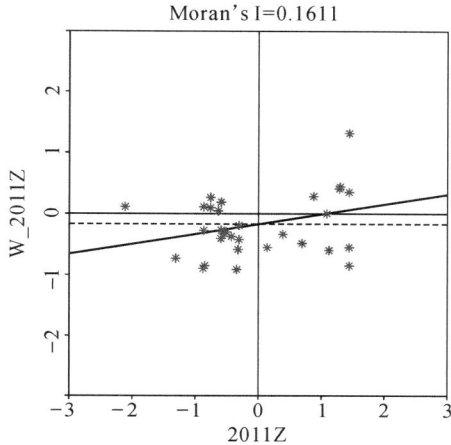

图 6.4　局域 Moran I 散点图

表 6.4　2011 年金融创新在各省(区、市)的集群模式

象限	集群模式	聚集地区
第 1 象限	HH	上海、江苏、浙江、福建、北京、天津
第 2 象限	LH	河北、安徽、江西、海南、陕西、甘肃
第 3 象限	LL	吉林、黑龙江、辽宁、新疆、内蒙古、山东、湖南、湖北、河南、四川、云南、贵州、广西
第 4 象限	HL	广东、重庆、山西、宁夏、青海

二、空间计量分析

1. 空间计量理论模型

本部分以空间计量经济理论为基础建立空间面板计量模型,对区域金融创新与相关影响变量的空间计量回归进行估计和检验。空间面板计量模型主要解决决策单元的空间相互作用和依赖性问题。空间面板计量模型如下:

$$y_{it} = \tau y_{i\,t-1} + \rho \boldsymbol{W} y_{it} + \beta \boldsymbol{X}_{it} + \theta \boldsymbol{DZ}_{it} + \alpha_i + \gamma_t + \boldsymbol{v}_{it}$$

$$\boldsymbol{v}_{it} = \lambda \sum_{j=1}^{\lambda} m_{ij} \boldsymbol{v}_{it} + \boldsymbol{\varepsilon}_{it}$$

$$(i = 1, 2, \cdots, n; t = 1, 2, \cdots, T) \tag{6.4}$$

如果 $\lambda = 0$ 且 $\theta = 0$,则为 SAR 模型;如果 $\rho = 0$ 且 $\theta = 0$,则为 SEM 模型;

如果 $\lambda = 0$,则为一般 SDM 模型:

$$y_{it} = \tau y_{it-1} + \rho W y_{it} + \beta X_{it} + \theta D Z_{it} + \alpha_i + \gamma_t + \varepsilon_{it} \tag{6.5}$$

式中,y_{it} 为因变量;W 为 $n \times n$ 阶的因变量空间滞后权重矩阵,一般用邻接矩阵表示;ρ 为空间回归相关系数,反映了样本观测值中的空间依赖作用,即相邻区域的被解释变量观测值 $W y_{it}$ 对本地区观测值 y_{it} 的影响方向和程度。区域行为受到文化环境中与空间距离有关的迁移成本的影响,具有很强的地域性。τ 是样本。X_{it} 为 $n \times k$ 的自变量矩阵,β 反映了自变量 X_{it} 对因变量 y_{it} 的影响;Z_{it} 为具有空间滞后性的自变量矩阵,D 为空间滞后自变量的权重矩阵,θ 为 $D Z_{it}$ 的系数;ε_{it} 为正态分布的随机误差向量,α_i 是个体固定效应或随机效应,γ_t 是时间效应。

根据上文中的理论假说,采用标准动态 SDM 模型,即假设 $W = D$ 且 $X_{it} = Z_{it}$,模型如下:

$$\text{FIN}_{it} = \rho W \text{FIN}_{it} + \beta_k X_{it} + \theta W X_{it} + \alpha_i + \gamma_t + \upsilon_{it}$$

$$X_{it} = q_{it} + \beta_1 q_{it}^2 + \beta_2 q_{it} \text{loan}_{it} + \sum_{k=1}^{K} \beta_k \text{control}_{it} \tag{6.6}$$

式中,FIN 表示被解释变量;本书中利用了效率方法衡量我国 30 个省(区、市)的金融创新程度,$i = 1, 2, \cdots, 30$,表示 30 个省(区、市);X_{it} 表示核心解释变量,包括金融业地理集聚程度 q_{it},金融集聚与金融创新的非线性关系 q_{it}^2,且本书还采用 $q_{it} \text{loan}_{it}$ 捕捉区域内部地理集聚对一个地区金融贷款规模影响的放大或者缩小效应,control_{it} 表示其他能够影响区域金融创新的控制变量,本书选取区域开放程度、地方政府干预和经济基础水平作为控制变量。

特别地,θ 是邻近矩阵与地区之间的竞争特征变量的乘积 $W X_{it}$ 的系数,表示相邻地区之间的空间相关性。如果系数 θ 显著,说明相邻地区的金融竞争对本地区的金融创新存在影响。本书主要探讨各变量在一个地区是否有扩散现象(溢出效应),相邻地区金融创新的互动既可以通过直接的示范效应发生,也可以通过地区竞争间接发生。在空间计量模型中,这一间接影响可以表现为解释变量之间具有空间相关性。

2.变量描述与数据来源

对各变量做如下说明:

被解释变量为区域金融创新,以上文测度的三个模型效率水平作为区域金融创新的代理变量(FIN)。

核心解释变量为区域内部金融业的地理集聚,区域内部金融集聚指标参照产业地理分布所构造的专业化指数。定义区位熵(LQ)为地区内金融产业的集聚水平,主要缘于该指标能够比较各地区某产业的发展水平在全国平均产业发展水平中所占的比例。计算公式如下:

$$LQ = (Q_{ij}/Q_i)/(Q_{kj}/Q_k) \tag{6.7}$$

式中,Q_{ij}指区域 i 内产业 j 的就业人数,Q_i 指区域 i 内的总就业人数,Q_{kj} 指国家或省(区、市)k 内产业 j 的总就业人数,Q_k 指国家或省(区、市)k 内的总就业人数。区位熵越大,该区域的金融集聚程度越高。[①]用 q 表示 LQ 指数,ρ 表示金融业地理集中与金融创新的非线性关系,$q_{it} \text{loan}_{it}$ 用来捕捉区域内部地理集聚对一个地区金融贷款规模影响的放大或者缩小效应。

控制变量主要有区域开放程度、地方政府干预和经济基础水平。区域开放程度(Openness):考虑到各地区外商直接投资、对外贸易与当地金融的紧密联系,采用外商直接投资与对外贸易两个方面来衡量开放程度,并用对外贸易水平和外商直接投资额占 GDP 的比值来综合反映各地区的对外开放程度。地方政府干预(ln loanout):考虑到地方政府对金融机构的干预,采用金融机构年末贷款余额与政府财政支出的乘积交叉项的对数作为该种干预程度的代理变量。经济基础(lng):用地区 GDP 来反映地区经济基础。相关变量的统计描述如表 6.5 和表 6.6 所示。

表 6.5　金融中介模型变量统计描述(2001—2011 年)

变量	变量含义	均值	标准差	最小值	最大值	样本容量
crs_i	金融中介创新代理变量	0.3780	0.2522	0.0450	1.0000	330
q	区位熵,金融集聚代理变量	1.3118	0.6958	0.4332	4.3544	330
q^2	区位熵的二次项	2.2036	2.8891	0.1876	18.9600	330
qloan	区位熵与金融机构贷款的乘积	12610.8	17435.2	461.7	141310.8	330

---

① 如果 LQ 大于 1,意味着某产业在区域内比较重要,但也有学者根据 LQ 大于 1.25 或 LQ 大于 3 来判断产业聚集。

续表

变量	变量含义	均值	标准差	最小值	最大值	样本容量
ln loanout	金融机构贷款余额与财政支出的乘积交叉项的对数	15.4920	1.8220	10.6459	20.0700	330
fdigdp	外商直接投资与GDP的比例	0.2712	0.4773	0.0002	7.8192	330
tradegdp	对外贸易与GDP的比例	0.9173	2.0763	0.0370	15.4817	330
lng	GDP的对数	8.6206	1.0281	5.6981	10.8820	330

注:crs_i 的两个投入变量的数据来自国家统计局网站提供的《中国统计年鉴》。

表 6.6　金融市场和金融组织模型变量统计描述(2006—2011 年)

变量	变量含义	均值	标准差	最小值	最大值	样本容量
crs_m	金融市场创新代理变量	0.1984	0.2387	0.0000	1.0000	180
crs_n	金融组织结构创新代理变量	0.2223	0.2425	0.0080	1.0000	180
q	区位熵,金融集聚代理变量	1.4828	0.8170	0.4332	4.3544	180
q^2	区位熵的二次项	2.8629	3.6147	0.1876	18.9608	180
qloan	区位熵与金融机构贷款的乘积	18545.3	21424.7	698.0	141310.8	180
ln loanout	金融机构贷款余额与财政支出的乘积交叉项的对数	16.3821	1.5779	11.9618	20.0743	180
fdigdp	外商直接投资与GDP的比例	0.2187	0.2103	0.0002	0.8191	180
tradegdp	对外贸易与GDP的比例	1.3383	2.6795	0.0370	15.4817	180
lng	GDP的对数	9.0441	0.9108	6.4746	10.8820	180

注:crs_m 和 crs_n 的两个投入变量的数据来自国家统计局网站提供的《中国统计年鉴》。

第五节　统计检验与回归结果

借鉴 Poot 等(2011)和沈体雁等(2010)以地区 GDP 份额变动描述竞争与互补的做法,本书利用 DEA 方法测度地区的效率水平。这里的效率水平反映了其他地区当前技术与前沿地区当前技术的差距,这个水平刻度具有横向排序的特点,因此以效率作为因变量,空间系数 ρ 反映了每个区域与其相邻区域的净互补或竞争程度。也就是说,一些地区的份额上升($\rho>0$)将导致另一些地区的份额下降($\rho<0$),就区域的份额与排序而言,地区间的竞争是一种零和博弈。

区域金融创新的动态效应有:(1)正效应($\rho>0$),一个区域由于受相邻区域的正的溢出效应的影响,该区域的竞争力和份额区域上升态势;(2)负效应($\rho<0$),一个区域由于受相邻趋于集聚效应的影响,该区域的竞争力和份额趋于下降态势;(3)中性效应($\rho=0$),一个区域与相邻区域无显著的净效应,该区域的竞争力和份额保持不变。SDM 模型的实际估计过程使用 Stata 11.0 软件完成,具体结果分析如下:

首先,用极大似然法估计的模型考虑了空间效应,有效地消除了金融创新集聚空间误差。本书关注了空间滞后项的系数 ρ。在三个模型(金融市场模型、金融中介模型、金融组织模型)中 ρ 均为负值,且金融市场与金融组织的模型中系数 ρ 通过了 1% 的显著性检验,其大小分别为 -0.2988 与 -0.3274,即临近地区的金融创新水平每增长 1 单位,本地区的金融创新水平下降约 0.34,说明金融创新在省(区、市)之间具有显著的空间挤出效应,如表 6.7 所示。

表 6.7　区域金融创新空间外部作用回归结果

变量	金融市场效率			金融中介效率			金融组织效率		
	系数	z 值	p 值	系数	z 值	p 值	系数	z 值	p 值
ρ(Rho)	-0.2988^{**}	-2.87	0.004	-0.0601	-1.08	0.280	-0.3274^{**}	-3.07	0.002
q	0.1361^{*}	2.12	0.034	-0.0510	-1.45	0.147	0.0628	1.06	0.289
q^2	-0.0288^{*}	-2.09	0.037	0.0022	0.28	0.781	-0.0181	-1.43	0.153

续表

变量	金融市场效率			金融中介效率			金融组织效率		
	系数	z 值	p 值	系数	z 值	p 值	系数	z 值	p 值
$q$loan	$-1.04e-07$	-0.08	0.937	$2.46e-06$ **	3.12	0.002	$1.76e-06$	1.38	0.168
ln loanout	0.0892	1.78	0.076	-0.0547 *	-2.07	0.038	-0.0177	-0.38	0.701
fdigdp	-0.2307*	-2.16	0.031	0.1115***	4.93	0.000	0.0973	0.99	0.321
tradegdp	-0.0131	-1.92	0.055	-0.0118*	-2.43	0.015	-0.0056	-0.90	0.366
ln$g$	-0.0497	-0.29	0.775	0.3449***	5.70	0.000	0.3220*	2.03	0.042
W_q	-0.1907*	-2.05	0.040	-0.0622***	-2.18	0.029	-0.4373***	-4.51	0.000
W_q^2	0.0692***	3.97	0.000	0.0158**	1.85	0.065	0.0859***	4.67	0.000
W_$q$loan	$-4.39e-06$	-1.59	0.112	$1.09e-06$	0.80	0.425	$3.17e-06$	1.26	0.209
W_ln loanout	-0.0482	-0.42	0.673	0.0511	2.01	0.044	-0.2660*	-2.50	0.013
W_fdigdp	-0.2007**	-2.84	0.005	-0.0469	-2.35	0.019	0.0487	0.86	0.388
W_tradegdp	-0.0176*	-2.23	0.026	0.0058	1.78	0.075	0.0006	0.11	0.909
W_ln$g$	0.2450	1.17	0.246	-0.1605	-3.44	0.001	0.4389	1.87	0.062
σ^2_e	0.0119	0.95	0.341	12.8400***	12.82	0.000	0.0097***	9.30	0.000
R_sq	0.2180			0.4826			0.1462		
log$L$	140.4713			327.6110			155.7587		
样本容量	180	180	180	330	330	330	180	180	180

注：***代表 $p<0.001$，**代表 $p<0.010$，*代表 $p<0.050$。

其次，注意到自变量的空间滞后项系数 θ。θ 代表自变量因素在地区之间的互相扰动。在三个模型中代表金融竞争的一次项 (q) 及其二次项 (q^2) 的系数分别为负值和正值，且在三个模型中均通过了 1% 的显著性检验。一次项金融竞争的系数 θ 为负值，说明与相邻地区的金融竞争对本地区的金融创新存在负的影响。也就是说，相邻地区金融竞争增加，那么本地区的创新水平会下降。二次项金融竞争的系数 θ 为正值，表明金融创新与金融集聚之间的非线性关系成立，即在长期内相邻地区金融竞争增加，本地区的金融创新水平将上升。这可以理解为示范效应的结果。

金融市场模型中代表金融集聚的代理变量 q 及其二次项 q^2 的系数分别是正值和负值，θ 通过了 1% 的显著性检验，一次项金融集聚的系数 θ 为正值,说明本地区的金融集聚对本地区的金融创新存在正的影响。也就是说,本地区金融集聚增加,那么本地区的创新水平会上升,也就是区域内部金融集聚所带来的正外部性。二次项金融集聚的系数 θ 为负值,表明金融集聚与金融创新有非线性关系,说明从长期来讲本地区金融集聚增加,本地区的金融创新水平将不再上升。这可以理解为竞争过度的结果,如图 6.5 所示。金融组织模型中,代表金融集聚的代理变量 q 及其二次项 q^2 的系数也分别为正值和负值,θ 通过了 1% 的显著性检验。金融中介模型中两个变量的系数分别为负值和正值,但并没有通过显著性检验。

与传统的制造业技术创新相比,金融业创新具有复杂性而且仿效的成本很高。由于实现知识与经验的累积和掌握,以及对金融工具合理有效的定价和对金融市场的制度安排需要一定的"学习成本",所以在金融业中无论是金融创新工具还是金融创新制度的产生,都比其他领域困难得多。

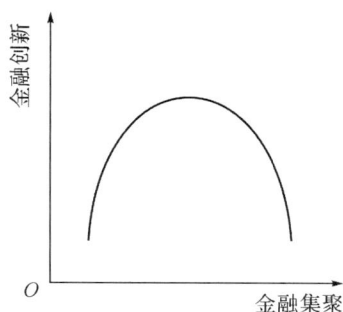

图 6.5　金融市场模型中的竞争过度

第六节　小　结

基于新经济地理学强调的各种经济力量的正负反馈作用对经济集聚的影响,本章从金融集聚与金融竞争的视角考察了区域金融创新,采用空间计量方法检验了区域金融创新与金融竞争、区域金融创新与金融集聚之间的关系。研究的结论如下：

首先，宏观方面，区域金融创新在空间上具有明显的挤出效应，主要原因是我国的金融创新具有区域试点效应，使各省（区、市）之间对金融资源的竞争加剧；微观方面，由于金融业在地理上具有集聚正负力量的作用，即存在 Aghion 效应和 Schumpeter 效应，金融集聚与金融创新之间表现出非线性的特征关系。

其次，通过空间探索方法分析了金融中介的空间正相关性、金融市场和组织的空间负相关性，同时采用空间面板计量模型检验了金融创新对相邻区域的空间挤出效应，验证了金融创新与金融集聚的非线性关系，这可能与样本时间点的选择有关系，但在一定程度上反映了金融创新的两种属性。

第七章　中国区域金融创新与经济增长：
基于区域差异的视角

第一节　金融创新的悖论

在金融自由化浪潮的裹挟下，世界金融领域发生了以金融创新为标志的"金融服务业革命"。直到 2008 年美国次贷危机的影响向全球扩展，人们才开始思考过度的金融创新是否会导致金融危机爆发。在这场广泛而又深刻的危机浪潮中，金融创新究竟是金融危机的始作俑者还是经济增长的"发动机"，金融创新对经济发展产生了哪些影响，这些成了理论界讨论的重要话题。实际上，这种争论是由目前金融创新体现的正外部性与负外部性所导致的，即"金融创新的悖论"。

一方面，金融行为者为获取私人收益而采取的创新措施提高了金融体系的运行效率，推动了金融发展。新型的金融工具是对原有金融资源流动性、营利性的重新组合，为期限转换、流动性转换以及杠杆交易提供便利，使得介于资本市场和货币市场之间的金融工具大量增加，有利于金融业的发展。另一方面，金融创新使得金融行为中的私人成本低于社会成本，如目前金融创新推动了"影子银行"①的出现，增加了监管的难度。金融创新模糊了

① "影子银行"由美国太平洋投资管理公司时任执行董事保罗·麦考利于 2007 年9 月在美联储的年度会议上首次提出。

存款货币银行和非存款货币银行之间的业务界限，在常规银行体系之外催生了信贷中介系统，即"影子银行"，混淆了传统金融机构创造存款货币的功能，使得存款货币的创造不再局限于商业银行，增加了金融风险。

在金融创新的宏观效应方面学者们有着不同的意见。持肯定观点的学者多从财富分配、技术进步以及利率自由化等角度阐述金融创新能够促进经济增长。如 Miller（1995）从成本、收益角度计算了衍生交易事件的社会直接成本，认为金融创新所带来的利得与损失并非社会财富的变化，而只是社会成员间的财富净转移，社会直接成本几乎为零。Tufano（2003）结合案例论证了金融创新对经济社会福利的改善作用。Chou（2007）认为金融创新通过促进技术进步带动经济增长，与以往有关金融发展与经济增长模型的不同之处在于 Chou 的模型以索罗的新古典增长理论为基础，集中讨论金融创新。Levine 和 Michalopoulos（2009）基于熊彼特的内生增长模型，假设金融企业通过发明新产品而获得垄断利润，发现如果金融创新停止，技术创新也会停止，从而导致经济增长停止。

持否定观点的流派对金融创新采用了预防性评价口吻，持谨慎态度。如 Van Horne（1985）指出，过度创新会导致社会成本增加以及出现"泡沫现象"。Saunders（2009）提出金融创新会带来风险转移，但这种风险并不会消失，可能造成金融危机。Krugman（2007）认为，最近几年的金融创新工具扰乱了金融市场，使投资者承担了更多的风险。

在金融创新的微观动力方面，大多数学者基于 Molyneux 和 Shamroukh 的理性效率假说和群体压力假说，探讨了金融创新的扩散效应，认为一个机构进行创新不是源于他们对创新的收益和效率的单个评价，而是源于已采用此项创新的公司的净数目所造成的群体压力。

针对中国金融创新是否促进经济增长这一问题，国内学者已从货币需求、利率弹性等多个层面进行了分析，部分学者认为两者存在正效应，如施建淮（2004）利用功能分析法对金融创新对长期经济增长的影响进行了分析，并得出了金融创新有益于长期经济增长的结论。陈志武（2009）认为金融创新通过创造足够的金融证券品种帮助社会大众规避风险、调配不同时期的收入，因而对社会财富增长、扩大本国经济的内在动力非常重要。还有一部分学者基于西方金融理论探讨了某种产品的金融创新，主要在定价和产品设计方面展开，如孙兆学（2009）、徐爽等（2009）。

遗憾的是，现有的研究通常基于金融创新提高金融效率，从而促进经济增长这一命题进行讨论。同时，在定量分析方面缺少对金融创新主体的投入产出分析，没有将金融创新作为一个独立的部门来考虑，模糊了金融创新与金融效率的概念，或者仅把储蓄与投资之间的高低作为衡量金融创新高低的参照，这可能是金融创新指标选择的主观性导致的。

在目前的研究中，也少有学者对金融创新在不同部门的性征进行讨论并将其纳入增长模型中。对此，本书在一个经济增长理论的框架下，引入金融创新部门和研发人员异质性的假定，分析金融创新与经济增长的内在关联。在本模型中将金融部门分为金融创新和金融中介两个部门，由掌握较高技能的创新人才设计金融产品，金融创新提高了金融中介的效率，同时通过提高金融资本品的需求与供给的配比，进一步提高产出。

第二节　理论模型

一、理论框架

借鉴 Aghion 等（2005）对创新的理解并在 Acemoglu（2002）有关创新方式分析的基础上，引入以利润最大化为特征的金融中介和金融创新部门，重点分析金融创新对经济增长的影响。假定经济由连续同质的家庭组成，每个家庭具有无限寿命。生产活动涉及不同类型的两种最终产品部门，不同效率的两种金融中介部门和两种金融创新部门。在最终产品部门，厂商通过借贷来生产消费品，金融中介部门为最终产品生产提供中介服务。金融创新与经济增长三部门如图 7.1 所示。

其中，金融中介部门是由一系列具有垄断竞争性质的机构组成的，一方面为将最终产品需求转化为现实提供资金支持，另一方面从金融创新部门购买金融产品以提高自身的生产效率。

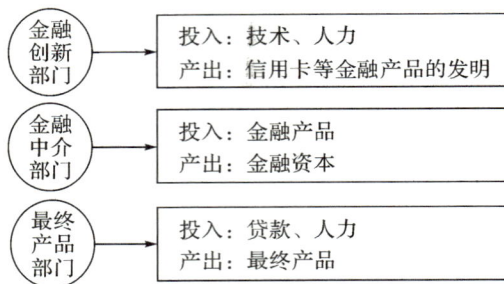

图 7.1　金融创新与经济增长三部门

二、理论假设

(一)金融创新部门

1. 生产函数

通过投入人力资本产生新的金融产品和服务[①]，金融创新的数量即是金融产品的数量。现有的金融产品存量也影响新的金融产品和服务的产生。金融部门的发展可以由金融产品和服务来刻画，在这里做如下假设：金融产品的使用不会消逝，除非有来自于外部的冲击，如金融管制。利用 Chou (2007)对金融创新的描述来反映不同地区金融创新的产出。瞬时金融创新的产出如下：

$$\dot{\tau}_h = \tau_h^{\phi_h}(H_F)^{\lambda}F$$
$$\dot{\tau}_l = \tau_l^{\phi_l}(H_F)^{\lambda}F \tag{7.1}$$

即

$$\frac{\dot{\tau}_h}{\tau_h} = \tau_h^{\phi_h-1}(H_F)^{\lambda}F, \frac{\dot{\tau}_l}{\tau_l} = \tau_l^{\phi_l-1}(H_F)^{\lambda}F \tag{7.2}$$

式中，$\dot{\tau}_h$ 表示瞬时的金融创新产出，τ_h 表示现有的金融创新存量，H_F 表示金融创新部门所使用的人力资本，参数 $\phi \in (0,1)$ 衡量现有金融产品的外溢程度，参数 $\lambda \in (0,1)$ 反映人力资本的效率。式(7.2)有两层含意，首先表明相对于 l 部门，h 部门的金融创新产品更加密集，被更加频繁地使用。另外，

---

① 假设金融创新部门的劳动力来自于密集使用金融产品的最终产品部门。

注意到一个相对的比例,即当 h 部门的金融创新数量较 l 部门增加时,h 部门的金融创新增长率下降,l 部门的金融创新增长率上升,这是因为金融创新的技术越来越难,对有些金融创新产品,只有那些拥有特殊技巧和知识的人才懂得。在整个经济的金融产品存量既定的条件下,人口越多,这些金融产品的普及和推广的难度越大,转化的效率就越低。

2. 金融创新部门的收益

$$\pi_h = p_\tau^h \dot{\tau}_h - \omega_F H_F \tag{7.3}$$

$$\pi_l = p_\tau^l \dot{\tau}_l - \omega_F H_F \tag{7.4}$$

通过一阶条件得到金融创新产品在不同部门的价格:

$$p_\tau^h = \frac{\omega_F}{\lambda (F\tau_h)^{\frac{1}{\lambda}}} \dot{\tau}_h^{\frac{1-\lambda}{\lambda}} \tag{7.5}$$

$$p_\tau^l = \frac{\omega_F}{\lambda (F\tau_l)^{\frac{1}{\lambda}}} \dot{\tau}_l^{\frac{1-\lambda}{\lambda}} \tag{7.6}$$

(二)最终产品部门

1. 生产函数

单位数量的金融创新会产生一种金融产品,有 τ_z 种金融产品,金融中介就能提供 τ_z 种形式的借贷资本。例如,银行以贷款方式投放的物质资本,银行以信用卡方式将吸收的存款转化为生产中的物质资本,企业的公司债等。金融产品和服务的多样化使投入最终产品的物质资本的形式更加丰富。

基于以上假设构建不同形式的两种最终产品 Y_h、Y_l,它们由物质资本(K)和劳动力投入组成。其中,在 Y_h 的生产过程中投入的物质资本为 $K_h(i)$,表示该最终产品得到了较多金融中介的融资和服务;在 Y_l 的生产过程中投入的物质资本为 $K_l(i)$,表示该最终产品得到了较少金融中介的融资和服务。另外,两者的区别还在于在 Y_h 的生产过程中投入了人力资本。具体的生产函数如下:

$$Y_h = \int_0^{\tau_h} [K_h(i)]^{1-\alpha} \mathrm{d}i (H_y)^\alpha \tag{7.7}$$

$$Y_l = \int_0^{\tau_l} [K_l(i)]^{1-\alpha} \mathrm{d}i [L]^\alpha \tag{7.8}$$

最终产品 Y 就有以上两种形式,即 Y_h 和 Y_l,两种最终产品之间具有不

变的替代弹性,最终的产出形式如下:

$$Y = (Y_h^{\frac{\epsilon-1}{\epsilon}} + Y_l^{\frac{\epsilon-1}{\epsilon}})^{\frac{\epsilon}{\epsilon-1}} \qquad (7.9)$$

式中,Y_h 表示该产品在生产过程中获得了较多的融资和服务,Y_l 则表示该种产品的生产过程中获得了较少的融资和服务,参数 $\epsilon \in [0, \infty)$ 是两种产品之间的替代弹性。当 $\epsilon = \infty$ 时,说明两种产品可以完全替代,此时的函数为线性生产函数;当 $\epsilon = 1$ 时,此时的函数为 Cobb-Douglas 生产函数;当 $\epsilon = 0$ 时,说明两种产品不可以替代,此时的函数为 Leontieff 生产函数。

2. 收益

对于任一中间产品的需求,满足如下最优化条件:

$$\max_{K_h(i)} \left\{ P_h Y_h - W_h H_y - \int_0^{\tau_h} K_h(i) \chi_h(i) \mathrm{d}i \right\}$$

对 $K_h(i)$ 求导,一阶条件为 0,得出对于任意中间产品的需求量为:

$$K_h(i) = \left(\frac{P_h(1-\alpha)}{\chi_h(i)} \right)^{\frac{1}{\alpha}} H_y \qquad (7.10)$$

同理,可得:

$$K_l(i) = \left(\frac{P_l(1-\alpha)}{\chi_l(i)} \right)^{\frac{1}{\alpha}} L \qquad (7.11)$$

式中,$\chi_h(i)$、$\chi_l(i)$ 分别为不同类型中间投入品的价格。做不失一般性的假设,任何一种中间品的生产的边际成本为 $(1-\alpha)^2$ 单位的最终产品,因此我们得到中间品的垄断价格[①]:

$$\chi_h(i) = \chi_l(i) = 1 - \alpha \qquad (7.12)$$

由于以上两种最终产品具有竞争性,因此能够得到它们的生产函数:

$$Y_h = P_h^{\frac{1-\alpha}{\alpha}} \tau_h H_y \qquad (7.13)$$

$$Y_l = P_l^{\frac{1-\alpha}{\alpha}} \tau_l L \qquad (7.14)$$

以及相对价格:

$$P = \frac{P_h}{P_l} = \left(\frac{\tau_h}{\tau_l} \frac{H_y}{L} \right)^{-\frac{\alpha}{1+\alpha(\epsilon-1)}} \qquad (7.15)$$

---

① 如果以 $(1-\alpha)^2$ 作为储蓄率,那么中间品的垄断价格为 $1-\alpha$,反映了金融中介的成本与收益。

(三)金融中介部门

1. 资本品向最终产品的转化效率

对于金融中介效率的描述大体上可分为三类:第一类是从资本积累的角度来诠释金融中介效率,主要考虑金融中介在从储蓄到投资的转化过程中的漏出效应;第二类是从信息成本的角度来考虑金融中介对于技术的转化效率,如赵勇等(2010)运用金融中介对于 R&D 部门的搜寻成本来衡量金融中介效率;第三类是从风险项目的信息不对称角度来描述金融中介,如 Levchenko(2007)、张磊(2010)从搜寻投资项目的风险信息角度来定位金融中介。本书主要从最终产品部门对金融中介所提供的资本品的需求角度衡量金融中介效率。

假设金融中介部门一方面以存款的方式吸收储蓄,并对最终产品部门提供外部融资;另一方面从金融创新部门处购买金融创新产品,并通过这些产品的应用将最终产品部门对资本品的需求转化为现实,例如企业对网上支付的需求要求金融中介进行网上银行的融资,跨国贸易对融资的需要要求金融中介对票据收买等。然而,事实是在这样的转化过程中金融中介并不总是很有效率的。金融中介部门将资本品向最终产品部门转化的过程中会产生"冰山成本",即 $\frac{1}{\zeta}$,也就是在金融中介部门满足最终产品的资本品投入的过程中,要有 $\frac{1}{\zeta}$ 份额能够成为投入,我们可以将这种转化的成本视为金融中介的效率,其中 $\zeta < 1$ 。也就是当金融发展程度较低时,金融中介效率低,转化的成本增大($\frac{1}{\zeta}$ 越大,即 ζ 越小);相反,当金融发展程度较高时,金融中介效率高,转化的成本减小($\frac{1}{\zeta}$ 越小,即 ζ 越大)。

金融中介将资本品向最终产品转化由金融创新的数量决定,同时受到人口数量的制约。假设金融创新部门和 Y_h 部门具有人力资本,则:

$$\zeta_h = \frac{\tau_h}{H^k} \tag{7.16}$$

$$\zeta_l = \frac{\tau_l}{L^k} \tag{7.17}$$

其中，$H_y + H_f = H_\circ k \in (0,1)$ 是金融创新的竞争程度。当 $k=1$ 时，金融中介的增长率为常数，创新产品数量的增长率等于 H 的增长率，两个部门的中介效率之比为：

$$\frac{\zeta_h}{\zeta_l} = \frac{\tau_h}{\tau_l} \frac{L^k}{H^k} \tag{7.18}$$

2.金融中介部门的均衡

金融中介部门的收益来自于对中间品出售产生的利润，即 $\chi_h K_h(i)$。其成本为"冰山成本" $\frac{1}{\zeta_h}(1-\alpha)^2 K_h(i)$。则其利润为：

$$\pi_h = \chi_h K_h(i) - \frac{1}{\zeta_h}(1-\alpha)^2 K_h(i)$$

$$\pi_h = \left(1-\alpha-\frac{1}{\zeta_h}(1-\alpha)^2\right) P_h^{\frac{1}{\alpha}} H_y \tag{7.19}$$

如果说金融中介部门具有垄断竞争的特性，可以自由进入，那么金融资源的竞争将使金融中间品的价格成为垄断利润的现值，这一条件意味着：

$$V_h = \frac{\left(1-\alpha-\frac{1}{\zeta_h}(1-\alpha)^2\right) P_h^{\frac{1}{\alpha}} H_y}{r} \tag{7.20}$$

$$V_l = \frac{\left(1-\alpha-\frac{1}{\zeta_l}(1-\alpha)^2\right) P_l^{\frac{1}{\alpha}} L}{r} \tag{7.21}$$

两部门的价格之比为：

$$\frac{V_h}{V_l} = \frac{\left(1-\alpha-\frac{1}{\zeta_h}(1-\alpha)^2\right) P_h^{\frac{1}{\alpha}} H_y}{\left(1-\alpha-\frac{1}{\zeta_l}(1-\alpha)^2\right) P_l^{\frac{1}{\alpha}} L} = \frac{1-\alpha-\frac{1}{\zeta_h}(1-\alpha)^2}{1-\alpha-\frac{1}{\zeta_h}(1-\alpha)^2} \left(\frac{P_h}{P_l}\right)^{\frac{1}{\alpha}} \left(\frac{H_y}{L}\right)$$

$$\tag{7.22}$$

3.家庭

考虑一个封闭经济条件下的一般均衡模型，代表性消费者具有替代弹性不变的消费函数，即 CRRA。

$$U = \int_0^\infty \frac{C(t)^{1-\theta}-1}{1-\theta} e^{-\rho t} dt \tag{7.23}$$

所有的消费者都追寻效用最大化，在预算约束下，利用效用最大化原

则,可以得到欧拉方程:

$$\frac{\dot{C}}{C} = \frac{1}{\theta}(r - \rho) \qquad (7.24)$$

三、均衡分析

1. 金融创新与经济增长

通过使用最终产品部门与金融创新部门劳动力之间的套利条件可以得到两个部门均衡的经济增长水平。由于具有人力资本的工人在选择进入哪个部门时是自由的,所以在均衡时两个部门的收入应相同。

单位劳动力在最终产品部门的收入为:

$$W_h = \alpha \frac{Y_h}{H_y} p_h = \alpha \tau_h p_h^{\frac{1-\alpha}{\alpha}} p_h = \alpha p_h^{\frac{1}{\alpha}} \tau_h \qquad (7.25)$$

单位劳动力在金融创新部门的收入为:

$$W_h = V_h \frac{\partial \dot{\tau}_h}{\partial H_f} = V_h \tau_h \lambda H_f^{\lambda-1} F = \frac{\left(1 - \alpha - \frac{1}{\zeta_h}(1-\alpha)^2\right) P_h^{\frac{1}{\alpha}} H_y}{r} \tau_h^{\phi} \lambda H_f^{\lambda-1} F \qquad (7.26)$$

得到稳态条件下的等式:

$$\frac{\left(1 - \alpha - \frac{1}{\zeta_h}(1-\alpha)^2\right) P_h^{\frac{1}{\alpha}} H_y}{r} \tau_h^{\phi} \lambda H_f^{\lambda-1} F = \alpha p_h^{\frac{1}{\alpha}} \tau_h \qquad (7.27)$$

从而得到:

$$H_y = \frac{\alpha r}{(1-\alpha)\left(1 - \frac{1-\alpha}{\zeta_h}\right) \lambda H_f^{\lambda-1} F \tau_h^{\phi-1}} \qquad (7.28)$$

结合式(7.24)、(7.27),得到经济增长率的欧拉方程:

$$g^* = \frac{\dot{Y}}{Y} = \frac{\dot{C}}{C} = \frac{1}{\theta}(r - \rho) = \frac{1}{\theta}\left[\frac{1-\alpha}{\alpha}\left(1 - \frac{1-\alpha}{\zeta_h}\right) H_y \lambda H_f^{\lambda-1} F \tau_h^{\phi-1} - \rho\right] \qquad (7.29)$$

2. 讨论

由式(7.29),增长率关于金融创新数量的函数可以表示为:

$$g^* = \frac{1}{\theta} \frac{1-\alpha}{\alpha} H_y \lambda H_f^{\lambda-1} F \tau_h^{\phi-1} - \frac{1}{\theta} \frac{1-\alpha}{\alpha} \frac{1-\alpha}{\zeta_h} H_y \lambda H_f^{\lambda-1} F \tau_h^{\phi-1} - \frac{1}{\theta}\rho$$

将其简化为如下形式：

$$g^* = \Lambda \tau_h^{\phi-1} - (1-\alpha) H \Lambda \tau_h^{\phi-1} - \frac{1}{\theta} \rho \qquad (7.30)$$

式中，$\Lambda = \frac{1}{\theta} \frac{1-\alpha}{\alpha} H_y \lambda H_f^{\lambda-1} F$。在其他条件不变的情况下，将 g^* 对 ϕ 求导，可得：

$$\frac{\partial g^*}{\partial \phi} = \Lambda \tau_h^{\phi-1} - \frac{1-\alpha}{\xi_h} \Lambda \tau_h^{\phi-1} > 0 \qquad (7.31)$$

意味着随着金融创新的外溢程度提高，经济的增长率也会提高。金融创新部门的生产相对于已有的金融创新产品存量的弹性越大，溢出效应越强，也就越有利于提高金融中介转化资本的效率，从而提高经济的增长率。这也与部分学者的结论，如 Merton(1992)一致。因此可得到：

结论一：金融创新技术的外溢程度越高，经济增长率越高。

接下来，我们讨论去掉外溢效应后的情况。也就是当 $\phi \rightarrow 1$ 时，经济增长率与金融创新的人力资本的关系。

$$g^* = \frac{1}{\theta} \left[\frac{1-\alpha}{\alpha} \left(1 - \frac{1-\alpha}{\zeta_h} \right) H_y \lambda H_f^{\lambda-1} F - \rho \right]$$

当 $\lambda \rightarrow 1$ 时，金融创新的人力效率较高，此时的增长率为：

$$g^* = \frac{1}{\theta} (r - \rho) = \frac{1}{\theta} \left[\frac{1-\alpha}{\alpha} \left(1 - \frac{1-\alpha}{\zeta_h} \right) H_y F - \rho \right]$$

将上式变形为：

$$g^* + \frac{\rho}{\theta} = -\frac{F}{\theta} \frac{(1-\alpha)^2}{\alpha} \left(\frac{H_k H_y}{2k} - \frac{H_y}{1-\alpha} \right) \qquad (7.32)$$

能够看到，在 Y_h 的生产过程中，金融创新部门的人力资本相对较高，能够生产出更多的金融产品，同时，金融中介运用这些金融产品将资本品转化到最终产品部门中，提高了金融中介效率，降低了资本转化的成本，从而提高了经济增长率。在考虑金融创新产品种类与经济增长关系时能够得出如下绪论：

结论二：在人力资本投入相对较多时，经济增长率随着融资部门使用的金融创新产品数量的变化而变化，两者呈正相关关系，如图7.2所示。

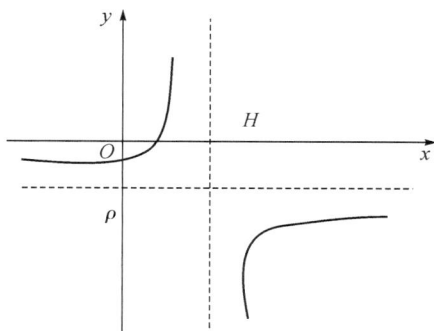

图 7.2　经济增长均衡分析

当 $\lambda \rightarrow 0$ 时,金融创新部门人力资本效率较低,导致金融产品的数量不多,或者创造出的金融产品不适应经济环境,使私人成本小于社会成本,由此产生一定的负外部性,从而使经济增长率下降,金融创新在整个经济体中不起作用,此时 $r \rightarrow 0$, $g^* \rightarrow -\dfrac{\rho}{\theta}$。这种情况较符合我国农村金融业的情况,例如很多农村地区照搬照抄城市的金融产品,而不考虑本地区的经济环境,所产生的金融创新产品对于金融中介的效率转化并没有帮助。

第三节　实证检验

一、Tobit 回归模型

在对区域金融创新与经济增长进行理论分析后,结合上文的对金融创新的外部性分析,本节对影响区域金融创新与经济增长的因素以及影响程度进行分析。在实证检验中采用 DEA-Tobit 方法,此方法被 Coelli 等(1998)称为二阶段 DEA 方法,其思想是把 DEA 模型评估出的决策单元的效率值作为因变量(被解释变量),把各种影响因素作为自变量(解释变量)进行回归分析,用解释变量的系数判断各种因素对因变量的影响方向及影响程度。由于效率的取值在 0 和 1 之间,因变量的观察值来源于总体的一个受限制的子集,

因此本书采用了 Tobit 回归模型。其基本形式如下:

$$TE_{it} = \beta_{it} x_{it} + u_{it} \quad (i=1,2,\cdots,n;t=1,2,\cdots,y) \qquad (7.33)$$

其中,TE_{it} 为因变量,x_{it} 为自变量,β_{it} 为常数项和各个影响因素的系数比例,u_{it} 为残差项。

被解释变量为区域金融中介的创新效率。解释变量分为三组:

第一组为核心变量,即经济增长变量。

第二组为识别变量,即区域性变量。结合上文对区域的区分,将转化效率较高的区域分为沿海和内陆区域、区域性中心省(区、市)和非中心省(区、市)两类。

第三组为控制变量,设置此组控制变量主要是为了进一步分析影响区域金融创新的因素,增加对外贸易、服务业发展(已去除金融业增加值)、政府财政收入、对外开放水平等环境因素。

对指标的解释如表 7.1 所示。

表 7.1　指标解释

变量类型	变量	
被解释变量	crste	区域金融创新效率
解释变量	区位一	区域性中心省(区、市)和非中心省(区、市)
	区位二	沿海和内陆区域
	lng	经济增长
	tradegdp	对外贸易与 GDP 的比例
	service	服务业发展(已去除金融业增加值)
	gov	政府财政收入
	fdi	外商直接投资
	pri	私营企业发展

二、回归结果分析

对 Tobit 回归模型进行回归分析,得到区域金融创新效率影响回归结果,如表 7.2 所示。

表 7.2 回归结果

解释变量	模型一		模型二	
	系数	p 值	系数	p 值
经济增长	0.2475***	0.000	0.2372***	0.000
区位一(中心与非中心)	0.2038*	0.015		
区位二(沿海与内陆)			0.2013**	0.005
政府财政收入	0.00007***	0.000	0.00008**	0.000
对外贸易	−0.0013	0.753	−0.0018	0.680
外商直接投资	0.0749**	0.001	0.0687**	0.002
服务业发展(已去除金融业增加值)	−0.1810**	0.008	−0.1716*	0.012
私营企业发展	−0.1222	0.986	−0.5116	0.482
常数项	−0.4918***	0.000	−0.4971***	0.000
个体效应标准差	0.1777***	0.000	0.1727***	0.000
随机干扰项标准差	0.1023***	0.000	0.1023***	0.000
RHO	0.7509		0.7402	
logL	230.98		231.82	
Wald 检验	Wald chi2(7)=200.57 Prob>chi2=0.0000		Wald chi2(7)=202.50 Prob>chi2=0.0000	

从检验结果来看,两个模型都显示区域金融创新效率与经济增长呈正相关关系,这与在理论模型中的假说一致,即具有较高知识外溢的区域,其金融创新能够促进经济的增长。金融是国民经济的重要组成部分,实体经济的运行状况对金融主体的发展有着重要影响(任英华等,2010)。在对金融创新和经济增长的相关关系的分析中发现,经济增长首先通过门槛效应影响金融创新的形式和结构,金融中介和金融市场的形成以及进入都有固定的成本或交易成本。在这种设定之下,门槛效应的存在使得金融创新同经济增长进程密切联系在一起。然而,目前我国金融创新的门槛依然很高,比如民间资本进入资本市场的壁垒高,以及金融组织的运营成本高等。

在引入两类区位因素之后看到了控制变量对金融创新的影响。金融业创新与其他服务业创新呈负相关关系,说明金融业与区域中的其他服务业存在竞争，有一定的市场挤出效应。金融企业本身作为服务业，其创新能力不仅增强了企业根据环境变化不断调整自身行为的能力，而且保证了其他服务业的传播、交换和创新环境本身的更新。然而，事实上金融创新具有追逐高利润的运动空间与规律，比如，在实体经济中，以技术创新为过程与内容的高技术项目或服务企业，因其具有相对更高的生产力与成长性，以及相对更高的投资价值、更广阔的增值空间，吸引了大量金融资源的进入，并为金融创新活动提供了广阔的空间，金融业与其他服务业之间的关系仍值得进一步研究。

区域金融创新效率与政府财政收入呈正相关关系，财政收入越高的地区，区域金融创新的效率越高，说明很大程度上各地区会为追求金融创新效率的提高而增加政府财政投入，也说明由于区域之间存在竞争，即使财政收入很低的地区也会想尽办法提高金融创新的水平。

在模型一中加入了对外开放水平的两个变量，对外贸易变量没有通过检验。对外开放水平是影响区域金融创新水平的重要因素之一，对外开放程度越高，所需的金融服务水平也越高。对外贸易的影响应该是积极的，比如金融机构对外贸企业的融资业务有信用证业务、福费庭业务等，从理论上讲两者应该是互相促进的；外商直接投资也能够促进区域金融创新水平的提高，特别是高层次的金融企业总会定位在国际型城市的信息腹地，能够促进信息以更低的成本在一个地区的传播和扩散，同时增强区域金融创新的能力。

第四节 小 结

本章首先基于一般经济增长的理论对金融创新与经济增长之间的关系进行了描述，并从区域差异性视角得出了金融创新只有在具有较高金融转化效率的部门或地区中才能促进经济增长的结论。其次通过二阶段 DEA 方法，即用 DEA-Tobit 模型对区域金融创新效率与经济增长的关系进行了进一步的实证分析，结论及建议如下：

(1)横向对比来看,金融创新只有在具有较高金融转化效率的部门或地区中才能促进经济增长。由于区域之间的金融创新水平存在很大的差异,处于技术前沿的地区提高了区域内的金融竞争力,并通过区域金融创新将区域内的各种金融资源和要素加以重新组合,创造出一种更为有效的金融资源配置方式。因此,从区域实际出发,着眼于区域经济协调发展,充分发挥金融创新的作用,促进经济资源配置是未来发展的重要任务。

(2)纵向对比来看,本书的研究结果与以往研究结果的不同之处在于本书的实证研究结果表明各地区的金融创新明显不足,与实体经济的有机结合动力不强,没有起到共同推动经济发展的作用,这一问题主要源于金融创新的门槛效应的存在。只有加快金融创新,提高金融创新效率,降低金融创新门槛,才能进一步提高资金市场化配置的效率。从一般意义上讲,区域金融创新能更好地服务于当地经济增长和金融发展,因此大多数时候,区域金融创新与宏观调控并不矛盾。当然,要兼顾区域金融创新与区域金融安全(这两者并不矛盾),这值得进一步研究。

第八章　研究结论及政策建议

第一节　主要结论

　　基于中国经济结构转型的现状，本书将区域金融创新作为研究对象。目前中国面临经济结构转型，某种程度上意味着要发挥金融等服务业在经济中的重要作用，所以金融业中金融工具升级换代，金融中介、市场与组织的功能不再是简单的吸纳存贷，而是作为现代服务行业配置市场资源。所以，本书将金融产品视为一种中间投入品，把金融业视为提供这种金融产品的一种服务产业，由此，更能体现出经济转型、金融转型的深化。在这样的宏观经济背景下，区域金融创新举措频现，基于此背景，本书在理论和实证方面做了一些工作。

　　首先，本书运用非参数估计的方法，以投入产出为导向，从金融中介、金融市场和金融组织的多样化方面测度了区域金融创新水平。在定量分析方面解决了目前学界对于区域金融创新认识不足的问题，以及单纯依靠存贷款规模、机构网点数量判定金融创新的不足的问题。另外，本书基于效率的技术将金融创新分解为规模效率与技术效率，并对省际和区际层面的差异进行总结。一是省（区、市）整体效率水平与前沿样本省（区、市）尚有差距，其中规模效率高于纯技术效率，说明地区金融创新效率的提高很大程度上依靠扩大规模的途径实现，在三个层面的模型中，金融中介创新效率高于其他两个层面的效率水平。二是从两种分组的区际效率水平比较来看，沿海整体效率水平高于内陆的效率水平,长三角、环渤海和珠三角的区域金融创新效率水平较高,按照效率水平划分区域金融创新更易找到区域之间的异质性。从时间趋势上看,区域之间的金融创新效率存在差异。

其次,本书运用三阶段 DEA 方法,对金融创新的资本和人力投入冗余分别进行分析,总结出经济基础、地方政府干预、区域金融市场和对外开放水平等外部环境因素对金融业创新效率产生的影响。地方的经济基础易导致金融行业的人力冗余,地方政府对银行贷款的干预会导致资本投入的低效,区域金融市场的建立可以提高资本投入的效率,对外开放水平的提高可以改善金融业资本投入的低效使用。因此,应创造良好的外部环境以促进区域金融创新效率的提高。

第三,基于新经济地理学强调的各种经济力量的正负反馈作用对于经济集聚的影响,本书从金融集聚与金融竞争的视角考察区域金融创新,采用空间计量方法检验了区域金融创新与金融竞争、区域金融创新与金融集聚之间的关系。宏观方面,区域金融创新在空间上具有明显的挤出效应,主要原因是我国的金融创新具有区域试点效应,使各省(区、市)之间对金融资源的竞争加剧;微观方面,由于金融业在地理上具有集聚正负力量的作用,即存在 Aghion 效应和 Schumpeter 效应,金融集聚与区域金融创新之间表现出非线性的特征关系。

第四,基于一般经济增长的理论对金融创新与经济增长之间的关系进行了描述,并从区域差异性视角得出了金融创新只有在具有较高金融转化效率的部门或地区才会促进经济增长的结论。事实上,并不是所有的金融中介或其他金融服务部门都参与了金融产品的研发,而是部分参与研发,部分模仿了某种金融产品。

但同时注意到,金融创新能够在不同部门之间进行扩散,因此需要对金融专业技术进行专利保护,规范金融创新活动,以达到金融监管的目的。一方面,应积极研发为金融业自身服务的金融创新产品;另一方面,金融流程创新和组织创新也是非常关键的,这也是需要进一步研究的内容。

第二节　政策建议

中国的改革开放历程是一个经济飞跃的历程，每一阶段的经济成长都伴随着金融市场的改革与创新。十八届三中全会指出，建设统一开放、竞争有序的市场体系，是使市场在资源配置中起决定性作用的基础。实际上，金融市场本身就是市场选择的结果，也具有对市场进行资源配置的重要作用，因此建设开放、竞争有序的金融市场能够完善社会主义市场经济体制，也是加快转变经济发展方式的主要途径。然而在有序的竞争背景下，区域金融仍有许多路径可选择。结合本书的研究结论，对促进区域金融创新良性发展的路径，即区域金融开放和合作进行如下分析：

第一，金融对外开放进程应与本国的实际条件和国际环境紧密结合，不同地区不同发展阶段的开放速度应有较大的区别。从我国正式加入世界贸易组织并签署《全球金融服务贸易协议》开始，我国的金融服务业就进入了一个全新开放的阶段。外资金融机构进入中国市场的门槛逐渐降低，外资金融机构逐渐进入中国金融服务业。由于各个地区的融资方式、金融组织结构和金融创新情况各不相同，不同的经济状态为区域金融创新提供了差异性的外部环境和条件，因而，应针对不同的地区实行不同的开放策略。

第二，农村金融市场将是区域金融创新的重要突破点。作为区域金融市场的一部分，农村金融市场很可能是外资银行经验与网点拓展的优势结合地带。2006 年，银监会出台放宽农村金融市场的新政策。截至 2013 年年末，全国共有 8872 家各类新型农村金融机构，其中东部地区的村镇银行占全国的 33.9％，东部地区的贷款公司占全国的 46.1％，东部地区的农村资金互助社占全国的 28.6％，东部地区的小额贷款公司占全国的 29.9％，小额贷款公司的年末总资产额达到 12.8 万亿元。

第三，金融在市场的资源配置方面具有自然的开放性特征，但是省（区、市）的划分使金融资源要素流动存在很强的区域壁垒，所以区域之间的金融市场开放应考虑资本的跨地区流动，要注意两个问题：一是金融市场开放的顺序安排。金融开放的顺序包括金融机构开放与金融市场开放的顺序,又可分为对内开放与对外开放的顺序。鉴于经济发展的需要,应在对外开放前实行对内开放。对内开放的风险主要是经济金融体系中的潜在风险,开放进程中这种风险呈递减态势,新风险的产生也较慢。二是金融市场利率的调整。金融市场越开放,运作效率越高,利率平价越容易成立。当利率的变动是通货膨胀引起的时,本国利率提高会导致本币汇率下跌。当人们没有通货膨胀预期时,本国利率提高,本币汇率立即上升(但此后会有贬值预期),因为利率平价模型假设资本具有充分流动性,此种逻辑与中国国情不相适应。在开放的资本市场情况下其运行机制应为:预期贬值率上升—预期贬值—资本流出—利率上升;预期贬值率下降—预期升值—资本流入—利率下降。而在管制的资本市场情况下其运行机制为:贬值—物价上升—实际利率下降—借贷资本需求过度—名义利率上升。后者与我国改革开放三十多年来的实践基本一致。

第四,区域金融创新是实现区域金融合作的动力,区域金融创新的良性发展也必将是实现区域金融合作的途径。区域金融合作不仅包括若干地区在地理位置上的临近与经济联系程度的紧密,还包括金融资源的集聚和辐射,通过区域金融合作形成规模经济和范围经济。区域之间通过协商达成联合与协作,以实现金融资源在地区间的自由流动和合理配置。

第三节　进一步研究的方向

随着经济不断发展,区域金融创新的形式也将以多种类别呈现。受研究现状和视野所限,本书在特定的时间下进行的研究难免有缺陷,如对区域金融创新与区域金融发展的收敛性分析,对区域金融创新与区域金融安全等问题的研究是需要突破的地方。

首先,本书有两点遗憾。一是关于区域金融创新的产出。本书在研究初期试图穷尽区域金融创新的产出,将更多创新型的金融产品纳入了研究中。但终究由于区域层面的样本数据,比如各地区金融机构的新型金融产品、非利息收入、衍生交易产品的规模等难以搜集,本书采用了折中的效率方法展开研究。希望将来能够继续对区域金融创新展开研究,如对案例和调研数据进行研究。二是关于金融区际化开放水平的衡量。开放水平应该具有多维的含义,本书折中了衡量市场化的方法来考虑省(区、市)层面的开放状态,在最初的数据搜集过程中考虑过省(区、市)货币市场资金的融入与融出,但此种方法仅考虑资金的单向流量问题,最终没有被采纳。此两点遗憾也可给后来者提供可借鉴的经验。

其次,如本书在第七章的研究内容当中的假设,区域金融创新具有两面性的悖论,诚如 Merton 所说,金融创新只是一个工具,如同我们不能因为发生车祸而责怪汽车的发明一样,即使金融创新具有负的外部性,也不能因此而停止创新的步伐,应该做的是建立与区域金融发展相协调的区域金融创新体制,以及适时建立区域金融的安全体系,实际上区域金融安全体系的建立本质上也是一种区域金融创新。

参考文献

英文部分

[1] Abir M,Chokri M. Dynamic of financial innovation and performance of banking firms:context of an emerging banking industry[J]. International Research Journal of Finance and Economics,2010,51:18-37.

[2] Acemoglu D,Antrandagraves P,Helpman E. Contracts and technology adoption[J]. American Economic Review,2007,97(3):916-943.

[3] Acemoglu D. Directed technical change[J]. Review of Economic Studies,2002,69(4):781-809.

[4] Aghion P,Bloom N,Blundell R,et al. Competition and innovation:an inverted-U relationship[J]. Quarterly Journal of Economics,2005,120(2):701-728.

[5] Aghion P,Harris C,Howitt P,et al. Competition,imitation and growth with step-by-step innovation[J]. Review of Economic Studies,2001,68(3):467-492.

[6] Aghion P,Howitt P,Mayer-Foulkes D. The effect of financial development on convergence:theory and evidence[J]. Quarterly Journal of Economics,2005,120(1):323-351.

[7] Aigner D J,Chu S F. On estimating the industry production function[J]. The American Economic Review,1968,58(4):826-839.

[8] Aigner D J,Lovell C A K,Schmidt P. Formulation and estimation of

stochastic frontier production function models[J]. Journal of Econometrics, 1977,6(1):21-37.

[9] Aiyagari S R,Gertler M. "Overreaction"of asset prices in general equilibrium [J]. Review of Economic Dynamics,1999,2(1):3-35.

[10] Akhavein J,Frame W S,White L J. The diffusion of financial innovations: an examination of the adoption of small business credit scoring by large banking organizations[J]. Journal of Business,2005,78(2):577-596.

[11] Allen F,Gale D. Financial Innovation and Risk Sharing[M]. Cambridge: MIT Press,1994.

[12] Allen F. Trends in financial innovation and their welfare impact: an overview[J]. European Financial Management,2012,18(4):493-514.

[13] Apergis N,Filippidis I,Economidou C. Financial deepening and economic growth linkages: a panel data analysis[J]. Review of World Economics, 2007,143:179-198.

[14] Arrau P,De Gregorio J,Reinhart C M,et al. The demand for money in developing countries: assessing the role of financial innovation[R]. IMF Working Paper,1991.

[15] Ataullah A,Le H. Financial repression and liability of foreignness in developing countries[J]. Applied Economics Letters,2004,11(9):545-549.

[16] Avkiran N K. Opening the black box on efficiency analysis: an illustration with UAE banks[J]. Omega,2009,37(4):930-941.

[17] Avkiran N K. Removing the impact of environment with units-invariant efficient frontier analysis: an illustrative case study with intertemporal panel data[J]. Omega,2009,37(3):535-544.

[18] Avkiran N K. The evidence on efficiency gains: the role of mergers and the benefits to the public[J]. Journal of Banking and Finance, 1999, 23(7):991-1013.

[19] Banker R D,Charnes A,Cooper W W. Some models for estimating

technical and scale inefficiencies in Data Envelopment Analysis[J]. Management Science,1984,30(9):1078-1092.

[20] Battese G E,Coelli T J. A Model for technical inefficiency effects in a stochastic frontier production function [J]. Empirical Economics, 1995,20(2):325-332.

[21] Battese G E,Coelli T J. Frontier production functions,technical efficiency and panel data:with application to paddy farmers in India[J]. Journal of Productivity Analysis,1992,3(1-2):153-169.

[22] Beck T,Chen T,Lin C,et al. Financial innovation:the bright and the dark sides[C]. China International Conference in Finance,2012.

[23] Becker G S. A theory of competition among pressure groups for political influence[J]. Quarterly Journal of Economics,1983,98(3):371-400.

[24] Berger A N,Humphrey D B. Efficiency of financial institutions:International survey and directions for future research[J]. European Journal of Operational Research,1997,98(2):175-212.

[25] Bergstresser. The retail market for structured notes:issuance patterns and performance,1995-2008 [EB/OL]. (2008-10-23) [2013-03-09]. http://people. brandeis. edu/~dberg/papers/Structured_Notes_20081023. pdf.

[26] Bhaumik S K,Dimova R. How important is ownership in a market with level playing field? The Indian banking sector revisited[J]. Journal of Comparative Economics,2004,32(1):165-180.

[27] Bianchi J,Boz E,Mendoza E G. Macroprudential policy in a Fisherian Model of financial innovation [R]. IMF Working Paper,2012.

[28] Bitran G R,Lojo M. A framework for analyzing service operations[J]. Europe Manage,1993,11(3):271-282.

[29] Bos J W B,Kolari J W,Van Lamoen R C R. Competition and innovation: evidence from financial services[EB/OL]. (2009-09-16) [2012-08-01]. http://igitur-archive. library. uu. nl/CTK/2009-1123-200132/09-16. pdf.

[30] Bos J W B,Schmiedel H. Comparing efficiency in European banking:a

meta frontier approach[R]. De Nederlandsche Bank Research Paper No. 57,2003.

[31] Bos J W B,Schmiedel H. Is there a single frontier in a single European banking market? [J]. Journal of Banking and Finance,2007,31(7): 2081-2102.

[32] Boz E,Mendoza E G. Financial innovation,the discovery of risk and the US credit crisis[R]. NBER Working Paper,2010.

[33] Brunnermeier M K. Deciphering the liquidity and credit crunch 2007-2008[R]. NBER Working Paper,2009.

[34] Calvet L,Gonzalez-Eiras M,Sodini P. Financial innovation, market participation and asset prices[R/OL]. NBER Working Paper. (2003-07-01)[2012-03-04]. http://www. nber. org/papers/w9840.

[35] Cass D,Citanna A. Pareto improving financial innovation in incomplete markets[J]. Economic Theory,1998,11(3):467-494.

[36] Charnes A,Cooper W W,Rhodes E. Measuring the efficiency of decision making units[J]. European Journal of Operational Research,1978,2(6): 429-444.

[37] Chen Z W. Financial innovation and arbitrage pricing in frictional economies [J]. Journal of Economic Theory,1995,65(1):117-135.

[38] Chou Y K,Chin M S. Financial innovations and technological innovations as two engines of economic growth[R]. University of Melbourne,2004.

[39] Chou Y K. Modeling financial innovation and economic growth:why the financial sector matters to the real economy[J]. Journal of Economic Education,2007,38(1):78-91.

[40] Chu S F,Lim G H. Share performance and profit efficiency of banks in an oligopolistic market:evidence from Singapore[J]. Journal of Multinational Financial Management,1998,8(2-3):155-168.

[41] Claessens S,Demirgtic-Kunt A,Huizinga H. How does foreign entry affect domestic banking markets? [J]. Journal of Banking and Finance,

2001,25(5):891-911.

[42] Coelli T J,Prasada Rao D S,O'Donnell C J,et al. An introduction to efficiency and productivity analysis[M]. Berlin:Springer Publishing Company,2005.

[43] Coelli T. A multi-stage methodology for the solution of orientated DEA models[J]. Operations Research Letters,1998,23(3-5):143-149.

[44] Cohen W M,Klepper S. Firm size and the nature of innovation within industries:the case of process and product R&D[J]. Review of Economics and Statistics,1996,78(2):232-243.

[45] Conrad J. The price effect of option introduction[J]. Journal of Finance, 1989,44(2):487-498.

[46] Cornwell C,Schmidt P. Production frontiers and efficiency measurement [M]//The Econometrics of Panel Data. Netherlands:Springer,1996: 845-878.

[47] Das A,Ghosh S. Financial deregulation and efficiency:an empirical analysis of Indian banks during the post reform period[J]. Review of Financial Economics,2006,15(3):193-221.

[48] Debreu G. The coefficient of resource utilization[J]. Econometrica, 1951,19(3):273-292.

[49] Deprins D,Simar L. Estimating technical inefficiencies with corrections for environmental conditions with an application to railway companies[J]. Annals of Public and Cooperative Economics,1989,60(1):81-102.

[50] Detemple J,Jorion P. Option listing and stock returns:an empirical analysis[J]. Journal of Banking and Finance,1990,14(4):781-801.

[51] DeYoung R. The financial performance of pure play internet banks [J]. Economic Perspective,2001,7:60-75.

[52] DeYoung R. The performance of internet-based business models:evidence from the banking industry[J]. Journal of Business,2005,78(3):893-947.

[53] Drake L,Hall M J,Simper R. The impact of macroeconomic and

regulatory factors on bank efficiency: a non-parametric analysis of Hong Kong's banking system[J]. Journal of Banking and Finance, 2006,30(5):1443-1466.

[54] Fanti L. Financial innovation and demand for money: a dynamics IS-LM Model with capital accumulation[J]. Study Economies, 2001, 56(74):77-100.

[55] Farrell M J. The measurement of productive efficiency[J]. Journal of the Royal Statistical Society,1957,120(3):253-281.

[56] Frame W S,White L J. Empirical studies of financial innovation: lots of talk,little action? [J]. Journal of Economic Literature,2004,42(1): 116-144.

[57] Frame W S,White L J. Technological Change,Financial Innovation and Diffusion in Banking[M]. Oxford: Oxford University Press,2009.

[58] Freedman C. Financial innovation in Canada: causes and consequences [J]. American Economic Review,1983,73(2):101-106.

[59] Fried H O,Lovell C A K,Schmidt S S. Accounting for environmental effects and statistical noise in data envelopment analysis[J]. Journal of Productivity Analysis,2002,17(1):157-174.

[60] Fried J M,Ganor M. Agency costs of venture capitalist control in startups[J]. New York University Law Review,2006,81:967-1025.

[61] Gehrig T. Cities and the geography of financial centers[EB/OL]. [2013-08-07]. http://cepr. org/active/publications/discussion_papers/dp. php? dpno=1894.

[62] Gennaioli N,Shleifer A,Vishny R. Neglected risks, financial innovation, financial fragility[J]. Journal of Financial Economics, 2012, 104 (3): 452-468.

[63] Gibson H D. Competition,innovation and financial crises: a perspective on the current financial market turmoil[J]. Open Economies Review,2010, 21(1):151-157.

[64] Goetzmann W，Rouwenhorst G. The Origins of Value：The Financial Innovations that Created Modern Capital Markets[M]. Oxford：Oxford University Press，2005.

[65] Grahl J，Lysandrou P. Sand in the wheels or spanner in the works? The Tobin Tax and global finance[J]. Cambridge Journal of Economics，2003，27(4)：597-621.

[66] Greenwood J，Jovanovic B. Financial development，growth，and the distribution of income[R]. NBER Working Paper，1990.

[67] Grinblatt M，Longstaff F A. Financial innovation and the role of derivative securities：an empirical analysis of the treasury STRIPS program[J]. Journal of Finance，2000，55(3)：1415-1436.

[68] Gubler Z J. The financial innovation process：theory and application [J]. Delaware Journal of Corporate Law，2011，36(1)：55-119.

[69] Hacker J. The Great Risk Shift：the Assault on American Jobs，Families，Health Care and Retirement and How You Can Fight Back[M]. Oxford：Oxford University Press，2006.

[70] Hall R，Jones C. Why do some countries produce so much more output per worker than others? [J]. Quarterly Journal of Economics，1999，114 (1)：83-116.

[71] Harris R. Political economy，interest groups，legal institutions and the repeal of the bubble act in 1825[J]. Economic History Review，1997，50：675-696.

[72] Harris R. The bubble act：its passage and its effects on business organization[J]. Journal of Economic History，1994，54：610-627.

[73] Helleiner. States and the Reemergence of Global Finance：From Bretton Woods to the 1990s[M]. Ithaca：Cornell University Press，1994.

[74] Helpman E. Innovation，imitation and intellectual property rights[J]. Econometrica，1993，61：1247-1280.

[75] Henderson B J，Pearson N D. The dark side of financial innovation：a

case study of the pricing of a retail financial product[J]. Journal of Financial Economics,2011,100:227-247.

[76] Ireland P N. Endogenous financial innovation and the demand for money[J]. Journal of Money,Credit and Banking,1995,27:107-123.

[77] Jochum C,Kodres L. Does the introduction of futures on emerging market currencies destabilize the underlying currencies? [J]. IMF Economic Review,1998,45(3):486-521.

[78] Jondrow J,Lovell C,Materov I S. On the estimation of technical inefficiency in the stochastic frontier production function model[J]. Journal of Econometrics,1982,19:233-238.

[79] Nagayasu J. Financial innovation and regional money [J]. Applied Economics,2012,44:22-53.

[80] Kane E J. Accelerating inflation,technological innovation,and the decreasing effectiveness of banking regulation [J]. Journal of Finance, 1980,2:7-14.

[81] Kindleberger C P. The Formation of Financial Centers:A Study of Comparative Economic History [M]. Princeton:Princeton University Press,1974.

[82] King R G,Levine R. Finance and growth Schumpeter might be right [J]. Quarterly Journal Economics,1993,108(3):717-737.

[83] Kiyotaki N,Moore J. Credit cycles[J]. Journal of Political Economy, 1997,105(2):211-248.

[84] Koopmans T C. Analysis of production as an efficient combination of activities[M]//Activity Analysis of Production and Allocation. New York:Wiley,1951:33-97.

[85] Krugman P. Innovating our way to financial crisis[N]. New York Times, 2007-12-03.

[86] Kumbhakar S C,Hjalmarsson L. Estimation of Technical Efficiency and Technical Progress Free from Farm-Specific Effects:An Application to

Swedish Dairy Farms[M]. Oxford:Oxford University Press,1993.

[87] Kumbhakar S C, Lovell C A K. Stochastic Frontier Analysis[M]. Cambridge:Cambridge University Press,2000.

[88] Kumbhakar S C. Production frontiers, panel data and time-varying technical inefficiency[J]. Journal of Econometrics,1990,46:201-212.

[89] Kuran T. The Scale of Entrepreneurship in Middle Eastern History: Inhibitive Roles of Islamic Institutions[M]. Princeton: Princeton University Press,2009.

[90] Lenzer J H,Zhao S,Xiao B. Roles of financial innovation and information technology:lessons from the US sub-prime mortgage crisis and its implications for China[J]. Chinese Geographical Science,2012,22(3):343-355.

[91] Lerner J,Tufano P. The consequences of financial innovation:a counterfactual research agenda[EB/OL]. (2012-08-01) [2013-02-01]. http://www.chicagofed. org/digital_assets/others/events/2011/international_conference/lerner_tufano. pdf.

[92] Lerner J. The new financial thing:the origins of financial innovations[J]. Journal of Financial Economics,2006,79(2):233-255.

[93] Lerner J. Where does state street lead? a first look at finance patents,1971 to 2000[J]. Journal of Finance,2002,57(2):901-930.

[94] Levchenko D. Comparative advantage,demand for external finance and financial development[J]. Journal of Financial Economics,2007,86(3):796-834.

[95] Levine R,Michalopoulos S. Financial innovation and endogenous growth[R]. NBER Working Paper,2009.

[96] Leyshon A,Thrift N. The Capitalization of Almost Everything:The Future of Finance and Capitalism[M]. Thousand Oaks:Sage Publications Ltd,2007.

[97] Lieberman C. The transaction demand for money and technological

change[J]. The Review of Economics and Statistics,1997,59:307-317.

[98] Lópeza L E,Roberts E B. First-mover advantages in regimes of weak appropriability:the case of financial services innovations[J]. Journal of Business Research,2002,55(12):997-1005.

[99] Manning R D. Credit Card Nation [M]. New York:Basic Books,2000.

[100] Martin P,Rogers C A. Industrial location and public infrastructure [J]. Journal of International Economics,1995,39:335-351.

[101] Mason J R. The summer of '07 and the shortcomings of financial innovation[J]. Journal of Applied Finance,2008,18(1):8-15.

[102] Mayer C. The assessment:financial innovation:curse or blessing? [J]. Oxford Review of Economic Policy,1986,2(4):i-xix.

[103] Meeusen W, Van Den Broeck J. Efficiency estimation from Cobb-Douglas production functions with composed error [J]. International Economic Review,1977,18(2):435-444.

[104] Meltzer A H. Major issues in the regulation of financial institutions [J]. Journal of Political Economy,1966,75(4):482-501.

[105] Merton R C. Financial innovation and economic performance[J]. Journal of Applied Corporate Finance,1992,4(4):12-22.

[106] Mester L J. Measuring efficiency at US banks:accounting for heterogeneity matters[J]. Journal of Operational Research,1997,98:230-242.

[107] Michalopoulos S,Laeven L,Levine R. Financial innovation and endogenous growth[R]. NBER working paper,2011.

[108] Miller M H. Do We need more regulation of financial derivatives? [J]. Pacific Basin Financial Journal,1995,62(3):147-158.

[109] Miller M H. Financial innovation:the last twenty years and the next [J]. Journal of Financial and Quantitative Analysis,1986,21(4):459-471.

[110] Misati R N, Njoroge L, Kamau A, et al. Financial innovation and monetary policy transmission in Kenya[J]. International Research

Journal of Finance and Economics,2010,50:124-372.

[111] Molyneux P,Shamroukh N. Diffusion of financial innovations:the case of junk bonds and note issuance facilities[J]. Journal of Money Credit and Banking,1996,28(3):502-522.

[112] Montinola. The political economy of foreign bank entry and its impact:theory and a case study[EB/OL]. (2001-01-11)[2012-04-08]. http://www. frbsf. org/publications/economics/pbcpapers/2001/pb01-11. pdf.

[113] Moore G R,Porter R,Small D H. Modeling the disaggregated demand for M2 and M1:the US experience in the 1980s[J]. Proceedings,1990:21-112.

[114] Morris S,Shin H. Heterogeneity and uniqueness in interaction games[M]. Oxford:Oxford University Press,2005.

[115] Morris S,Shin H. Public versus private information in coordination problems [EB/OL]. (1999-03-01)[2012-11-06]. http://www. princeton. edu/~smorris/pdfs/private-versus-public. pdf.

[116] O'Brien R. Global financial integration:the end of geography[R/OL]. (1992-07-01)[2013-03-02]. https://www. researchgate. net/publication/238239976_Global_Financial_Integration_The_End_of_Geography.

[117] Pagano M. Financial markets and growth:an overview[J]. European Economic Review 1993,37(3):613-622.

[118] Pandit N R,Gary A S,Cook G M,et al. The dynamics of industrial clustering in British financial services[J]. Service Industries Journal,2001,21(4):33-61.

[119] Park Y S. International Banking and Financial Center[M]. Boston:Kluwer Academic Publishers,1989.

[120] Pasiouras F. Estimating the technical and scale efficiency of Greek commercial banks:the impact of credit risk,off-balance sheet activities,and international operations[J]. Research in International Business and Finance,2008a,22:301-318.

［121］ Pasiouras F. International evidence on the impact of regulations and supervision on banks' technical efficiency：an application of two-stage data envelopment analysis［J］. Review of Quantitative Finance and Accounting，2008b，30：187-223.

［122］ Plosser C I. Financial econometrics，financial innovation，and financial stability［J］. Journal of Financial Econometrics，2009，7(1)：3-11.

［123］ PootT，Faems D，Vanhaverbeke W. Toward a dynamic perspective on open innovation：a longitudinal assessment of the adoption of internal and external innovation strategies in the netherlands［J］. International Journal of Innovation Management，2011，13(2)：297-322.

［124］ Reinhart C M，Rogoff K S. Is the 2007 US sub-prime financial crisis so different an international historical comparison［R］. NBER Working Paper，2008.

［125］ Rosen R J. The role of securitization in mortgage lending［R］. Chicago：Federal Reserve Bank of Chicago，2007.

［126］ Saunders A，Saunders A. Wired for Innovation：How Information Technology is Reshaping the Economy［M］. Cambridge：MIT Press，2009.

［127］ Scherer F M. Market structure and the employment of scientists and engineers［J］. American Economic Review，1967，57(3)：524-531.

［128］ Schroth E. Innovation，differentiation，and the choice of an underwriter：evidence from equity-linked securities［J］. Review of Financial Studies，2006，19(3)：1041-1080.

［129］ Schumpeter J A. The theory of economic development［M］. Cambridge：Harvard University Press，1934.

［130］ Sealey C，Lindley J. Inputs，outputs，and a theory of production and cost at depository financial institutions［J］. Journal of Finance，1977，32：1251-1266.

［131］ Sherman H D，Gold F. Bank branch operating efficiency：evaluation with Data Envelopment Analysis[J]. Journal of Banking and Finance, 1985,9(2):297-315.

[132] Silber W L. The process of financial innovation[J]. American Economic Review,1983,73(2):89-95.

[133] Simpson T D,Porter R D. Some issues involving the definition and interpretation of the monetary aggregates[EB/OL]. [2013-05-06]. https://www. researchgate. net/publication/285256610 _ Some _ Issues _ Involving_the_Definition_and_Interpretation_of_the_Monetary_Aggregates_ Federal_Reserve_Bank_of_Boston.

[134] Singer D A. Regulating Capital:Setting Standards for the International Financial System[M]. Ithaca:Cornell University Press,2007.

[135] Solow R M. Technical change and the aggregate production function [J]. Review of Economics and Statistics,1957,39(3):312-320.

[136] Solow R M. Technical progress and the aggregate production function[J]. Review of Economics and Statistics,1957,39(70):312-320.

[137] Sturm J E,Williams B. Foreign bank entry,deregulation and bank efficiency:lessons from the Australian experience[J]. Journal of Banking and Finance,2004,28:1775-1799.

[138] Taaffe E J,Morrill R L,Gould P R. Transport expansion in underdeveloped countries:a comparative analysis[J]. Geographical Review, 1963, 53 (4): 503-529.

[139] Thakor A V. Incentive to innovate and financial crises[J]. Journal of Financial Economics,2012,103(1):130-148.

[140] Tiebout C M. A pure theory of local expenditures[J]. Journal of Political Economy,1956,64(5):416-424.

[141] Tortosa-Ausina E. Bank cost efficiency and output specification[J]. Journal of Productivity Analysis,2002,18:199-222.

[142] Tortosa-Ausina E. Nontraditional activities and bank efficiency revisited:a distributional analysis for Spanish financial institutions [J]. Journal of

Economics and Business,2003,55:371-395.

[143] Tufano P. Financial innovation and first-mover advantages[J]. Journal of Financial Economics,1989,25(2):213-240.

[144] Tufano P. Financial innovation[J]. Handbook of the Economics of Finance,2003,1(103):307-335.

[145] Valverde S C,Humphrey D B,Del Paso R L. Opening the black box: finding the source of cost inefficiency [J]. Journal of Productivity Analysis,2007,27:209-220.

[146] Van Horne J C. Of financial innovations and excesses[J]. Journal of Finance,1985,156:621-631.

[147] Vanini P. Financial innovation, structuring and risk transfer [EB/OL]. (2012-08-01) [2013-08-01]. http://wwz. unibas. ch/fileadmin/wwz/redaktion/finance/FS_2012/Risikotransfer_bei_Banken/Vorlesung_Vanini. pdf.

[148] Wurgler J. Special issue on international corporate governance, financial markets and the allocation of capital[J]. Journal of Financial Economics, 2000,58:187-214.

[149] Young A. Gold into base metals: productivity growth in the People's Republic of China during the Reform Period[R]. NBER Working Paper No. 7856,2000.

[150] Zhang J,Wan G,Yu J. The financial deepening-productivity nexus in China:1987-2001 [J]. Journal of Chinese Economic and Business Studies,2007,5(1):37-49.

中文文献

[1] 安虎森. 空间经济学原理[M]. 北京:经济科学出版社,2005.

[2] 白钦先. 再论以金融资源论为基础的金融可持续发展理论:范式转换,理论创新和方法改革[J]. 国际金融研究,2000(2):7－14.

[3] 陈涤非. 基于金融创新因素的中国货币需求模型验证[J]. 上海金融,

2006(3):32 - 35.

[4] 陈志武.中国经济模式转型的挑战[J].经济管理文摘,2009(15):50 - 58.

[5] 陈子季.金融创新的宏观效应分析[J].金融研究,2000(5):20 - 29.

[6] 董玉玲,杨晓光.金融创新下的中国狭义货币需求函数及其稳定性[J].
系统工程,2008,26(11):35 - 41.

[7] 樊纲,王小鲁,马光荣.中国市场化进程对经济增长的贡献[J].经济研
究,2011(9):4 - 16.

[8] 樊纲,王小鲁,朱恒鹏,等.中国市场化指数:各地区市场化相对进程
2011年报告[M].北京:经济科学出版社,2011.

[9] 范祚军,关伟.差别化区域金融调控的一个分区方法——基于系统聚类
分析方法的应用[J].管理世界,2008(4):36 - 47.

[10] 顾洪梅.我国商业银行效率的测度与经验研究[M].北京:经济科学出
版社,2010.

[11] 何德旭,王卉彤.金融创新效应的理论评述[J].财经问题研究,2008
(12):3 - 8.

[12] 胡佛,王翼龙,武友德,等.区域经济学导论[M].北京:中国社会科学出
版社,2004

[13] 黄桂良.粤港澳区域金融合作的收敛性效应[J].国际经贸探索,2010,
26(2):26 - 31.

[14] 蒋瑞波,蒋岳祥.区域金融创新与区域经济发展的实证研究[J].浙江学
刊,2012(5):157 - 162.

[15] 蒋岳祥,蒋瑞波.区域金融创新:效率评价,环境影响与区域差异分析
[J].浙江大学学报(人文社会科学版),2013,43(4):52 - 65.

[16] 金雪军,田霖,章华.演化视角下的区域金融成长度差异[J].金融理论
与实践,2004(5):9 - 11.

[17] 戈德史密斯.金融结构与金融发展[M].浦寿海,等译.北京:中国社会
科学出版社,1993.

[18] 李春燕,俞乔.网络金融创新产品的市场扩散——针对银行卡产品的实
证研究[J].金融研究,2006(3):85 - 93.

[19] 李敬,冉光和,万广华.中国区域金融发展差异的解释——基于劳动分工理论与 Shapley 值分解方法[J].经济研究,2007,42(5):42－54.

[20] 李林,丁艺,刘志华.金融集聚对区域经济增长溢出作用的空间计量分析[J].金融研究,2011(5):113－123.

[21] 梁琦,吴俊.财政转移与产业集聚[J].经济学(季刊),2008,7(3):1247－1270.

[22] 刘澜飚,王博.门槛效应,管制放松与银行效率的改进——理论假说及其来自中国的经验研究[J].金融研究,2010(3):67－80.

[23] 陆远权,张德钢.我国区域金融效率测度及效率差异研究[J].经济地理,2012,32(1):96－101.

[24] 麦金农.经济市场化的次序——向市场经济过渡时期的金融控制[M].上海:上海人民出版社,1997.

[25] 毛泽盛.外资银行对中国信贷供给影响的实证研究[J].金融研究,2010(1):106－111.

[26] 裴长洪,谢谦.集聚、组织创新与外包模式——我国现代服务业发展的理论视角[J].财贸经济,2009(7):5－15.

[27] 彭化非.珠三角和长三角区域金融合作比较研究[J].南方金融,2012(5):79－82.

[28] 任英华,徐玲,游万海.金融集聚影响因素空间计量模型及其应用[J].数量经济技术经济研究,2010,27(5):104－115.

[29] 沈体雁,冯等田,孙铁山.空间计量经济学[M].北京:北京大学出版社,2010.

[30] 施建淮.金融创新与长期经济增长[J].经济学动态,2004(9):7－15.

[31] 石丹.金融创新系统[M].北京:中国财政经济出版社,2008.

[32] 世界银行.2005 年世界发展报告:改善投资环境促使人人受益[M].北京:清华大学出版社,2005.

[33] 宋海岩,刘淄楠,蒋萍.改革时期中国总投资决定因素的分析[J].世界经济文汇,2003(1):44－56.

[34] 宋增基,张宗益,袁茂.中国银行业 DEA 效率实证分析[J].系统工程理

论与实践,2009,29(2):105-110.

[35] 孙兆学.一种创新型黄金衍生产品的定价研究[J].金融研究,2009(3):171-177.

[36] 田霖.区域金融成长差异——金融地理学视角[M].北京:经济科学出版社,2006.

[37] 佟家栋,云蔚,彭支伟.新型国际分工、国际收支失衡与金融创新[J].南开经济研究,2011(3):3-15.

[38] 万广华.解释中国农村区域间的收入不平等:一种基于回归方程的分解方法[J].经济研究,2004(8):117-127.

[39] 王爱俭,庞镭,林楠.金融创新在区域经济发展中的动力传递研究——基于系统控制、演化与滨海金融视角的分析[J].财贸经济,2008,29(1):94-128.

[40] 王德忠,庄仁心.区域经济联系定量分析初探——以上海与苏锡常地区经济联系为例[J].地理科学,1996(1):51-57.

[41] 王小鲁,樊纲.中国地区差距的变动趋势和影响因素[J].经济研究,2004(7):33-45.

[42] 王振山.银行规模与中国商业银行的运行效率研究[J].财贸经济,2000(5):19-23.

[43] 徐爽,姚长辉,赵永华.基金期权:金融创新和产品设计的新方向[J].金融研究,2009(2):185-198.

[44] 杨缅昆,朱小斌.金融产出核算理论的重新思考[J].统计研究,1999,19(16):56-60.

[45] 杨伟,林海.金融创新对我国货币需求影响的实证分析[J].贵州财经学院学报,2005(6):60-64.

[46] 姚耀军.中国金融发展与全要素生产率:基于时间序列的经验证据[J].数量经济技术经济研究,2010,27(3):68-80.

[47] 叶欣,冯宗宪,郭根龙.我国服务业竞争优势的因素分析[J].西安交通大学学报(社会科学版),2000,20(4):47-50.

[48] 叶耀明,王胜.长三角金融发展促进经济增长的"门槛"分析[J].上海经

济研究,2010(6):36-41.

[49] 殷得生,肖顺喜.体制转轨中的区域金融研究[M].上海:学林出版社,2000.

[50] 殷孟波,许坤.国外学者在后危机时代关于金融创新"悖论"的综述[J].经济学家,2012(6):93-100.

[51] 余翔,张玉蓉.美国金融业专利战略研究及启示[J].国际金融研究,2008(3):20-27.

[52] 喻平,李敏.金融创新能力的评价研究[J].当代经济管理,2007,29(3):99-102.

[53] 张健华.我国商业银行经营效率的 DEA 方法及 1997—2001 年效率的实证分析[J].金融研究,2003(3):11-25.

[54] 张杰.交易、风险与所有权——解释中国经济转轨路径及其绩效的一种新视角[J].管理世界,2003(5):5-20.

[55] 张军,金煜.中国的金融深化和生产率关系的再检测:1987—2001[J].经济研究,2005,40(11):35-45.

[56] 张军,吴桂英,张吉鹏.中国省际物质资本存量估算:1952—2000[J].经济研究,2004,39(10):35-44.

[57] 张军洲.中国区域金融分析[M].北京:中国经济出版社,1995.

[58] 张磊.后起经济体为什么选择政府主导型金融体制[J].世界经济,2010,33(9):134-158.

[59] 张维,喻颖,张永杰,等.中国金融服务业的创新:新世纪的观察[J].系统工程理论与实践,2008(8):159-170.

[60] 张晓晶.加入金融创新的 IS—LM 模型[J].经济研究,2002,37(10):9-15.

[61] 张玉喜.金融地理学视角下的区域金融创新需求与供给研究[J].学术交流,2008(10):59-63.

[62] 赵伟.中国区域经济开放:多层次多视野的考察[J].社会科学战线,2006(6):57-63.

[63] 赵伟.中国区域经济开放:制度转型与经济增长效应[M].北京:经济科

学出版社,2011.

[64] 赵勇,雷达.金融发展与经济增长:生产率促进抑或资本形成[J].世界经济,2010(2):37-50.

[65] 郑海青.东亚金融一体化程度与福利收益的实证研究[J].财经科学,2008(6):40-47.

[66] 周立,王子明.中国各地区金融发展与经济增长实证分析:1978—2000[J].金融研究,2002(10):1-14.

附　　表

附表 1　衡量金融创新的指标

层面	分类	指标	含义
宏观	时间趋势	时变截距	随时间变化的截距项
	利率组合的过去峰值	真实利率最大值	由于金融创新的实施使货币需求有时滞,所以当期的货币需求与当期名义利率和前期名义利率的峰值有关
	货币总量层次	$\dfrac{M2}{M1}$	金融创新过程中货币总量中被替代的货币资产的比例(主要反映在准货币中)
		$\dfrac{M2-M1}{M1-M0}$	某种货币总量比例的替代指标
	金融工具的区域分布	ATM 数量/ 人口密度	银行集中度指标,即一个地区的总部和分支机构除以总人口数量,这个指标越大说明金融创新越容易发生,金融市场的复杂程度越高
		ATM 数量/ 区域面积	
微观	银行效率差距	技术差距	成本最小化前沿与现有成本前沿的差距
	金融工具的替换速度	$V = \dfrac{N}{O}$	新金融工具淘汰旧金融工具的速度。N 表示一定时期内推出的新的金融工具的数量,O 表示一定时期内被淘汰的金融工具的数量
	金融工具引进系数	$CI = \dfrac{I}{B+S+I}$	B 表示本期前的金融工具数量,S 表示本期创新的金融工具数量,I 表示引进的金融工具数量

层面	分类	指标	含义
微观	金融创新技术系数	$TF = \sum_{i=1}^{n} H_i \times D_i$	H_i 表示创新所涉及的技术门类，D_i 表示创新所涉及的技术的难度系数
	金融专利或技术	金融公式和方法的专利	能够反映金融创新的工具数量
		ATM 的使用数量	
		金融期刊文章发表数量	
		银行 R&D 支出	

附表2　上海自由贸易试验区关于金融业的规定

开放类型			政策
区际开放(对内开放)	区内开放	区内设立非银行金融公司	支持区内符合条件的大型企业集团设立企业集团财务公司;支持符合条件的发起人在区内申设汽车金融公司、消费金融公司;支持上海辖内信托公司迁址区内发展;支持全国性金融资产管理公司在区内设立分公司;支持金融租赁公司在区内设立专业子公司
		区内离岸业务	允许符合条件的中资银行在区内开展离岸银行业务
	区外开放(区外到区内)	中资银行入区发展	允许全国性中资商业银行、政策性银行、上海本地银行在区内新设分行或专营机构;允许将区内现有银行网点升级为分行或支行;在区内增设或升级的银行分支机构不受年度新增网点计划限制
		民间资本进入区内银行业	支持符合条件的民营资本在区内设立自担风险的民营银行、金融租赁公司和消费金融公司等金融机构;支持符合条件的民营资本参股,与中外资金融机构在区内设立中外合资银行
国际开放(对外开放)	国外到国内	外资银行入区经营	允许符合条件的外资银行在区内设立子行、分行、专营机构和中外合资银行;允许区内外资银行支行升级为分行;研究推进适当缩短区内外资银行代表处升级为分行,以及外资银行分行从事人民币业务的年限要求的规定
	国内到国外	跨境投融资服务	支持区内银行业金融机构发展跨境融资业务,包括但不限于大宗商品贸易融资、全供应链贸易融资、离岸船舶融资、现代服务业金融支持、外保内贷、商业票据等;支持区内银行业金融机构推进跨境投资金融服务,包括但不限于跨境并购贷款和项目贷款、内保外贷、跨境资产管理和财富管理业务、房地产信托投资基金等
监管开放	准入方式		将区内银行分行级以下(不含分行)的机构、高管和部分业务准入事项由事前审批改为事后报告;设立区内银行业准入事项绿色快速通道,建立准入事项限时办理制度,提高准入效率
	服务体系		支持探索建立符合区内银行业实际的相对独立的银行业监管体制,贴近市场提供监管服务,有效防控风险;建立健全区内银行业特色监测报表体系,探索完善符合区内银行业风险特征的监控指标;优化调整存贷比、流动性等指标的计算口径和监管要求

注:本表由笔者根据银监会的政策制作。

索　　引